KLEIDUNG UND WAFFEN DER SPÄTGOTIK, Teil I 1320 - 1370

Ulrich Lehnart

KLEIDUNG UND WAFFEN

DER SPÄTGOTIK, Teil I

1320 - 1370

◊

Karfunkel Verlag • Wald-Michelbach

Der Autor, promovierter Historiker, ist 1951 in Trier geboren. Er studierte Romanistik, Politikwissenschaft und Geschichte an der dortigen Universität. Nach Abschluß des Referendariats hauptsächlich im Museumsbereich tätig, war er an der Organisation verschiedener bedeutender, historischer und kulturhistorischer Ausstellungen u. a. in Trier, Köln und Luxemburg maßgeblich beteiligt. Seine Forschungsschwerpunkte liegen in den Bereichen Mediävistik, Heraldik sowie historische Waffen- und Kostümkunde. Seine bislang wichtigste Veröffentlichung ist das Buch über die Schlacht von Worringen 1288, welches 1993 erschien. Seit 1989 in der deutschen Mittelalterszene aktiv, ist er vielen als Initiator und Mitbegründer des 1990 gegründeten Mittelaltervereins „Alt-Luxemburg" bekannt.
Der Autor ist verheiratet und Vater von zwei Söhnen.

Die Deutsche Bibliothek - CIP-Einheitsaufnahme

Lehnart, Ulrich:
Kleidung und Waffen der Spätgotik : 1320 - 1370 / Ulrich Lehnart. - Wald-Michelbach :
Karfunkel-Verl., 2000
ISBN 3-9805642-8-2

Druck: J. P. Himmer GmbH & Co. KG, Augsburg

ISBN 3-9805642-8-2

Vorwort und Danksagung

Mit dem neuen Buch Kleidung und Waffen der Spätgotik I, 1320 - 1370, liegt nun der zweite Band meiner Kostümkunde des Mittelalters vor. Manch einer wird wohl der Ansicht sein, daß es übertrieben sei, einem so kurzen Zeitabschnitt von nur 50 Jahren einen ganzen Band zu widmen. Dies war ursprünglich auch nicht so geplant, dachte ich doch selbst, daß es genügen würde, die Spätgotik in zwei Bänden abzuhandeln, wobei sich der erste Band mit dem 14. und der zweite mit dem 15. Jahrhundert beschäftigt hätte. Je weiter ich aber in die Materie eindrang, desto notwendiger erschien es mir, die gesammelten Fakten auf drei Bände zu verteilen; denn da die einzelnen Teilbände einen gewissen Umfang nicht überschreiten sollen, hätte ich sonst auf die Darstellung mir wichtig erscheinender Details verzichten müssen, was mir im Interesse der angestrebten Vollständigkeit nicht wünschenswert erschien. Ich hoffe, daß die Leser dieser Entscheidung durch die freundliche Aufnahme des nun vorliegenden Buches zustimmen werden.

Falls dem 1. Teilband auch nur annähernd der gleiche Erfolg beschieden sein wird wie dem Band über die Früh- und Hochgotik, werden die beiden nächsten Teilbände über die Abschnitte 1370 - 1420 und 1420 - 1480 mit jeweils zwei Jahren Abstand folgen.

Auf eine nochmalige Erörterung der Ziele, Quellen und Methoden kostümkundlicher Forschung sowie der Probleme bei der Rekonstruktion einer mittelalterlichen Ausrüstung wurde bewußt verzichtet.

Auch dieses Mal möchte ich einer Reihe von Personen für ihre freundliche Mithilfe beim Zustandekommen dieses Buches danken; in erster Linie natürlich meiner Frau Gerlinde, die sich einmal mehr als ehrenamtliche Lektorin betätigt und mich darüber hinaus moralisch unterstützt hat. Den Herren Wolfgang Büche und Walter Suckert danke ich für die kostenlose Überlassung von Fotomaterial, welches mir bei meinen Forschungen von erheblichem Nutzen war und das zum Teil zur Illustrierung dieses Buches herangezogen wurde.

Außerdem danke ich dem Herausgeber und dem gesamten Redaktionsteam des Karfunkel-Verlages für die gute Zusammenarbeit, durch die es gelungen ist, dem interessierten Leser wiederum ein schönes und ansprechendes Buch vorzulegen.

Trier, im Oktober des Jahres 2000

Ulrich Lehnart

KLEIDUNG & WAFFEN DER SPÄTGOTIK, I

TEIL I: KOSTÜMKUNDE DER SPÄTGOTIK

TEIL II: RÜSTUNG UND WAFFEN DER SPÄTGOTIK

ÜBERSICHT DER FARB- UND S/W-TAFELN

Farbtafeln:

s/w-Tafeln:

EINLEITUNG:

Historische Bedingungen des modischen Wandels im 14. Jh.

Das 14. Jahrhundert war womöglich das an Dramatik und Veränderungen reichste des ganzen Mittelalters.[1] Politische und militärische Ereignisse mit tiefgreifenden Folgen, soziale und ökonomische Umwälzungen, Unruhen und Volksaufstände sowie humanitäre Katastrophen wie die schweren Hungersnöte zu Beginn des Jahrhunderts oder eine Reihe verheerender Epidemien, darunter die große Pest von 1348 - 50, der rund ein Drittel der Bevölkerung Europas zum Opfer fiel, prägen das Bild dieser Epoche. Bei vielen Menschen erschütterten diese zum Teil traumatischen Erfahrungen jahrhundertealte Überzeugungen und Traditionen, was dazu führte, daß sie die bestehende, angeblich von Gott gegebene Gesellschaftsordnung und auch die geltenden Anstands- und Verhaltensregeln in Frage stellten. Damit bereitet dieses unruhige Zeitalter – vielleicht stärker noch als das 16. Jahrhundert – auf vielen Gebieten die Moderne vor.[2]

Die Veränderungen, die sich in dieser Zeit vollzogen, beschränkten sich allerdings nicht nur auf Gesellschaftsordnung, Ideologie und Moralvorstellungen, sondern fanden auch in der Mode ihren Niederschlag, wobei das Tempo der modischen Erneuerung im Vergleich zu früheren Jahrhunderten erheblich zunahm und zu einem „wachsenden Formenreichtum der Tracht" führte.[3] Das Auftreten neuer Gewandformen und neuer Bezeichnungen, aber auch der Bedeutungswandel, den manche Fachbegriffe in dieser Zeit erfahren, macht die Aufgabe des Kostümhistorikers nicht einfacher. Die zunehmende und zum Teil verwirrende Vielfalt von Begriffen und Schnittformen macht einmal mehr klar, wie schwierig es ist, die Entwicklung der mittelalterlichen Mode in ein starres Schema zu pressen.

Ein so radikaler Wandel in der Mode, wie er um die Mitte des 14. Jahrhunderts stattgefunden hat, ist immer auch Zeichen eines Mentalitätswandels, wobei die Ursachen hierfür stets vielfacher Natur und daher oft nur schwer faßbar sind. Alle aus heutiger Sicht auszumachende Anzeichen und Fakten für eine solche Veränderung der Geisteshaltung weisen aber auf einen Prozeß der Verweltlichung und der Individualisierung hin. Zweifelsohne hat eine veränderte Form der Frömmigkeit, wie sie von den Bettelorden seit dem 13. Jahrhundert ausging, hierzu einen wichtigen Beitrag geleistet. Diese verkündeten eine verinnerlichte Religiosität und erklärten eine feierliche Liturgie, eine geordnete Kirchenhierarchie und eine pompöse Amtstracht für überflüssig und empfahlen den Gläubigen stattdessen, das Seelenheil durch Bußübungen, Askese und Meditation zu erreichen. Die Ablehnung der liturgischen Kleidung hatte einen erbitterten Streit zwischen Bettelorden und Weltklerus zur Folge, der einerseits ungelöst blieb und andererseits nicht nur im Weltklerus, sondern auch bei den Laien zu einer Verunsicherung bezüglich der überlieferten Formen der Kleidung im allgemeinen führte.

Hinzu kam, daß die Wissenschaftler gegen Ende des 13. Jahrhunderts zu völlig neuen Erkenntnissen in der Philosophie und in den Naturwissenschaften gelangt waren, welche laut Aussage des Klerikers Konrad von Megenberg Verwirrung unter den einfachen Leuten ausgelöst hätten, da man es versäumt habe, diese in der richtigen Weise zu unterrichten, so daß die herkömmliche Ordnung zerstört worden sei.[4] Derselbe Autor sieht aber auch in dem zunehmenden Reichtum der Stadtbewohner die Hauptursache für die Krise, da dadurch die Standesgrenzen zwischen Adel und Bürgern verwischt worden seien. Damit wird ein wesentlicher Aspekt beim Mentalitätswandel angesprochen, nämlich die Bedeutung des rapiden wirtschaftlichen und sozialen Wandels im 14. Jahrhundert, als deren Protagonisten die *homines novi*, die Emporkömmlinge erscheinen: Kaufleute und Bankiers, die zielstrebig, hart und skrupellos ihren Geschäften nachgehen und ihren Erfolg nicht ihrer Herkunft, sondern in erster Linie ihrer Energie und ihrem unternehmerischen Wagemut verdanken und daher auf die Vertreter der alten Ordnung verächtlich herabsehen.[5]

Übereinstimmend wird sowohl von den Zeitgenossen als auch von den Historikern ein Zusammenhang zwischen der großen Pest und dem radikalen modischen Wandel um die Mitte des 14. Jahrhunderts hergestellt. Nachdem die Kirche durch eklatante Mißstände, ihre eigennützige Einmischung in die Politik und die offensichtliche Bevormundung durch den französischen König[6] schon viel von ihrem moralischen Kredit verloren hatte, hatten nun die Überlebenden dieser großen europäischen Katastrophe erleben müssen, wie angesichts der existentiellen Bedrohung durch die tödliche Seuche auch die traditionelle christliche Wertorientierung schweren Schaden genommen hatte: Die Gebote christlicher Barmherzigkeit und Nächstenliebe waren aus Angst vor Ansteckung von den meisten Menschen, ja sogar von Priestern und Ordensleuten mit Füßen getreten worden. Auch hatten viele Menschen, Reiche wie Arme, Kleriker wie Laien, alle kirchlichen Vorschriften bezüglich eines maßvollen Genusses kulinarischer und sexueller Freuden mißachtet in dem Bewußtsein, daß jeder Tag der letzte sein konnte.[7]

Die Reaktion auf diese Erfahrung war ganz unterschiedlich. Während die einen sich einer extremen Bußfertigkeit und Leibfeindlichkeit zuwandten, die ihren Ausdruck in der Geißlerbewegung fand,[8] verfielen die anderen einer ebenso extremen Genußsucht und Diesseitsbezogenheit. Die Feststellung, daß die Seuche die Menschen unterschiedslos dahinraffte, und es dabei keine Rolle spielte, ob die Betroffenen zuvor ein frommes oder ein lasterhaftes Leben geführt hatten, bewog viele Überlebende dazu, die Moralgebote der Kirche und die bis dahin allgemein akzeptierten Anstandsregeln weniger dogmatisch zu sehen: Man hatte die Katastrophe glücklich überlebt und wollte nun das Leben genießen und diesen Neubeginn auch in der Kleidung deutlich machen. Hinzu kommt wohl, daß sich vor allem die jungen Leute auch durch ihr Äußeres in stärkerem Maße von der älteren Generation abgrenzen wollten, was mit Hilfe der neuen Mode leicht möglich war; denn die neuen, kurz und eng geschnittenen Herrenkleider konnten von älteren, korpulenten Männern nur um den Preis der Lächerlichkeit getragen werden, genauso wie die eng taillierten und tief dekolletierten Damenkleider nur bei jungen und schlanken Frauen die angestrebte Wirkung erzielten.

Träger der neuen Mode waren also in erster Linie die jungen Leute der wohlhabenden Schichten, also sowohl Adlige als auch Bürgerliche, deren Vermögen sich vielfach durch die Beerbung der von der Pest dahingerafften Verwandten zusätzlich vermehrt hatte. So schreibt der Autor der Limburger Chronik unter dem Jahr 1350: *Item darnach ober ein jar da dit sterben, dise geiselerfart, romerfart unde judenslacht, als vur geschreben stet, ein ende hatte, da hup die wernt wider an zu leben unde frolich zu sin, unde machten di menner nuwe kleidunge.*[9]

Kulturelle und gesellschaftliche Ursachen des modischen Wandels

Es gibt in der kostümkundlichen Literatur bezüglich der modischen Entwicklung im 14. Jahrhundert zwei Gemeinplätze, wonach erstens Frankreich als „kulturelle Großmacht" auf dem Gebiet der Mode tonangebend gewesen sei und zweitens das wirtschaftlich erstarkte Bürgertum auch entscheidenden Anteil an der Entwicklung der Mode gehabt habe. So stellt Erika Thiel fest: „Im 14. und 15. Jahrhundert, als unter dem französischen Königtum die politische Einigung vollzogen wurde, trat die dominierende Rolle der französischen Mode in Europa immer stärker hervor."[10] Und Max von Boehn schreibt: „Die Mode braucht Menschen, Spielraum; auf einsamen Burgen und an Hoflagern, die beständig herumziehen, kann sie sich nicht entfalten. Bürger, die sich in der Kirche, auf Markt und Straßen täglich sehen und ihr Aussehen täglich vergleichen konnten, erhielten einen viel stärkeren Ansporn zu Veränderungen der Tracht, als die Ritter in der Abgeschiedenheit ihrer Landsitze. Die Bürger reisten, sahen die Kleidung fremder Länder, brachten abweichende Stoffe und Schnitte heim; ihr Selbstgefühl, ihre Eitelkeit empfing dauernd Anstöße, sich hervorzutun, sich auszuzeichnen, anderen minder Begünstigten etwas vorzuprotzen. Die moderne Mode ist ein städtisches Gewächs."[11]

Wenn man aber die Beweisführungen dieser beiden Autoren analysiert, so kann man feststellen, daß sie nicht immer in sich schlüssig und überzeugend sind. Was also ist an den beiden Thesen richtig, und wo sind Einschränkungen angebracht?

1. Einschränkung: Die Darstellungen von Thiel und Boehn enthalten unzulässige Verallgemeinerungen; denn der Wandel in der Mode war von Land zu Land verschieden und in erheblichem Maße von der kulturellen, staatlichen und städtischen Entwicklung des jeweiligen Landes abhängig. So war das europäische Städtewesen zu Beginn des 14. Jahrhunderts in Oberitalien am weitesten fortgeschritten. Aber auch in Deutschland erfuhren in dieser Zeit viele freie Reichsstädte, vor allem natürlich die Fernhandelsmetropolen, einen erheblichen wirtschaftlichen und politischen Aufschwung. Andererseits gab es weder in Italien noch in Deutschland eine starke Zentralgewalt oder einen zentralen Königshof, der als kultureller Kristallisationspunkt oder Katalysator wirken konnte.

2. Einschränkung: Das Bürgertum war nicht der Initiator und Vorreiter der neuen Mode, sondern trug vielmehr als wirtschaftlich und sozial erstärkter Konkurrent des Adels wesentlich zu deren rascher Verbreitung bei, was nicht dasselbe ist. Hierbei ist die Rolle des Bürgertums von Land zu Land unterschiedlich stark ausgeprägt gewesen.

3. Einschränkung: Unbestreitbar hat Frankreich bei der Herausbildung der neuen Mode eine wichtige, wenn nicht sogar die wichtigste Rolle gespielt, was aber weniger mit dem Stand der politischen Einheit Frankreichs als mit der kulturellen Attraktivität des französischen Königshofes zu tun hat, dessen Residenz damals noch keineswegs festgelegt, sondern ähnlich mobil wie der deutsche Kaiserhof war, wenn auch Paris als bevorzugter Residenzort eine vorrangige Stellung innehatte. Außerdem galt Frankreich schon lange vor dem 14. Jahrhundert nördlich von Alpen und Pyrenäen als die kulturell dominierende Großmacht, an der man sich nicht nur auf dem Gebiet der Kleidermode orientierte. Zudem war die Attraktivität des französischen Vorbilds in allen Fragen der Mode, der Kunst und der höfischen Sitten völlig unabhängig von der jeweiligen politischen und militärischen Machtposition der französischen Monarchie. Gerade im 14. Jahrhundert, also in der Zeit der größten Veränderungen in der europäischen Mode erlebte Frankreich über weite Strecken eine Periode außen- und innenpolitischer Schwäche.

Wie aber war Frankreich zu dieser Vorreiterrolle gekommen, wo doch Norditalien von der wirtschaftlichen und urbanen Entwicklung her weiter fortgeschritten war? Während in Italien Wirtschaft

(Fernhandel und Bankwesen) und Kunst neue Horizonte eröffneten, stagnierte aufgrund des Parteienhaders das politische System. Hingegen war in Frankreich neben der Wirtschaft vor allem die Politik Auslöser und Gestalter des politischen und sozialen Wandels; denn hier vollzog sich unter starker Beteiligung des Bürgertums, aus welchem der König seine juristisch geschulten Beamten, die sogenannten *Legisten* rekrutierte, der Wandel vom Feudal- zum zentralen Verwaltungsstaat, in dem letztendlich alle Macht vom König ausging. In diesem Staat, der allerdings noch nicht das ganze heutige Frankreich umfaßte, gab es nicht nur eine größere Rechts- und Verkehrssicherheit auf den Überlandstraßen, sondern auch nur noch zwei Währungen (*livre parisienne* und *livre tournois*) und nur ein Maßsystem, was den Handel bedeutend erleichterte und erheblich zum Aufschwung der königlichen Städte beitrug. Zwar behauptete der französische Adel seine gesellschaftliche Vormachtstellung, jedoch war seine wirtschaftliche Position durch das immer stärker aufkommende Bürgertum geschwächt und sein militärisches Prestige durch eine Reihe katastrophaler Niederlagen so angeschlagen, daß von da an seine Macht und sein gesellschaftlicher Einfluß weniger aus der eigenen Kraft, als vielmehr aus der „gottgegebenen" Ordnung und vor allem aus der Nähe zum König resultierte.

Ähnlich wie in Frankreich verhielt es sich in Böhmen, wo der Luxemburger Karl IV. nach französischem Vorbild Prag zu seiner Residenz und zum kulturellen Mittelpunkt ausbaute. Auch hier gingen die modischen Impulse eindeutig vom Königshof aus, so daß die bei Hof getragene französische Mode sich entsprechend schnell durchsetzen konnte.

In Deutschland und Italien spielten die Städte bei der Durchsetzung der neuen Mode eine vergleichsweise größere Rolle als in Frankreich oder England. So trifft die Darstellung von Boehn, die sich auf den ersten Blick recht überzeugend ausnimmt, nicht generell für ganz Europa und alle Regionen zu, sondern nur für die, in denen die städtische Kultur bereits ein erhebliches Niveau erreicht hatte. Besonders widersprüchlich erscheint es dem Autor, wenn man einerseits die moderne Mode als ein „städtisches Gewächs" bezeichnet, welches nur in dem kulturellen Reizklima aufblühender Städte entstehen und wachsen konnte, und andererseits die Veränderungen in der Rüstung vom dreizehnten zum vierzehnten Jahrhundert als „äußere Veranlassung zu dem Wechsel in der Form der Männertracht" bezeichnet.[12] Schließlich ist die Rüstung nicht die Berufskleidung des Bürgertums gewesen, sondern die des Adels. So schreibt der florentinische Chronist Giovanni Villani im Jahre 1342: „Ich darf auch nicht vergessen, die häßliche Veränderung der Kleidung zu erwähnen, die uns die Franzosen brachten, als der Herzog nach Florenz kam."[13] Die neue Mode kam also nicht durch bürgerliche Kaufleute, seien es Franzosen oder Einheimische nach Italien, sondern durch das adlige Gefolge eines französischen Herzogs.

Außerdem ist es falsch, pauschal von einem Niedergang des Rittertums zu sprechen, da es **das** Rittertum als homogene gesellschaftliche Klasse weder in Frankreich noch in einem anderen europäischen Land je gegeben hat; denn zum Rittertum gehörten ja sowohl der Hochadel als auch der aus einer Verschmelzung von kleinen Freiherren und ehemaligen Ministerialen hervorgegangene Niederadel. Während der Hochadel aufgrund seines Besitzes und seiner Privilegien am wirtschaftlichen Aufschwung der Städte partizipierte, geriet der Niederadel wegen des Wertverfalls der Grundrente (= Einkünfte aus der Vergabe des Ackerlandes an die abgabepflichtigen Bauern) immer tiefer in die Krise. Für einen kleinen Landedelmann, der wirtschaftlich schwer mit stagnierenden oder schwindenden Einkünften zu kämpfen hatte, konnte die Aufbringung des Lösegeldes nach einer verlorenen Schlacht oder die Aufgabe eines Dorfes durch seine Bewohner bzw. deren Aussterben im Zuge der großen Pest von 1348 - 50 den völligen Ruin bedeuten. Gleichzeitig mit dem Verfall der Grundrente und der Krise der Adelseinkommen vollzog sich eine Vergrößerung des Angebotes und eine ständige Verteuerung der Güter für einen standesgemäßen Lebensstil, also von Waffen, Pferden und kostbaren Stoffen.[14] Die Folge davon war, daß für die meisten Adligen die Schere zwischen den wachsenden Konsumbedürfnissen und den vorhandenen Mitteln zu deren Befriedigung immer mehr auseinanderging. Die modische Vorreiterfunktion verlagerte sich dadurch vom gesamten Adel und von verschiedenen regionalen Adelshöfen wie dem der Aquitaine oder dem der Champagne auf den Königshof in Paris und den dortigen Hofadel, der zum einen aus den Angehörigen des Hochadels und zum anderen aus den gesellschaftlichen Aufsteigern Brief- und Amtsadels, d. h. neureichen Handelsherren und im königlichen Dienst geadelten Juristen (*gens de robe*) bestand.

Die politische Einigung Frankreichs wurde keineswegs, wie Thiel behauptet, im 14. Jahrhundert vollzogen. Erste Schritte in dieser Richtung waren zwar bereits Anfang des 13. Jahrhunderts erfolgt,[15] doch wurde die eigentliche Einigung erst zu Beginn des 16. Jahrhunderts im wesentlichen abgeschlossen.[16] Im Gegensatz dazu war das 14. Jahrhundert für die französische Monarchie eine Zeit schwerer Rückschläge, hervorgerufen durch eine Serie von militärischen Niederlagen und schwachen Königen, was zu einer erneuten Ausbreitung der Engländer auf dem französischen Festland führte und die Behauptung, ja Neueinrichtung, quasi-souveräner Fürstentümer in den Grenzen des Königreiches ermöglichte. An den militärischen Erfolgen, welche die Einigung ermöglichten, hatte das Bürgertum in der Tat entscheidenden Anteil,[17] während der Adel zuerst militärisches Prestige und dann auch politischen Einfluß verlor.[18]

Andererseits blieb dem Bürgertum trotz der Entmachtung des Adels eine direkte Beteiligung an der Macht verwehrt. Versuche wie der des Vorsitzenden der Pariser Kaufmannschaft, Etienne Marcel, mittels eines Aufstandes der Pariser Zünfte Einfluß auf den König und die Regierungsgeschäfte zu gewinnen, wurden blutig niedergeschlagen; denn das Königtum war keineswegs gewillt, die alte Abhängigkeit vom Adel durch eine neue vom Bürgertum zu ersetzen.

Der politisch weitgehend entmachtete Adel wurde seit der 2. Hälfte des 15. Jahrhunderts durch verschiedene Maßnahmen, die sein Sozialprestige steigerten, entschädigt, z. B. durch die Reservierung der Offiziersstellen in der Armee, das Exklusivrecht auf die wichtigsten Ämter am Hofe (aber nicht in der Staatsverwaltung) und (schon früher) durch bestimmte Vorrechte bei der Kleidung.[19] Allerdings erforderte die Wahrnehmung dieser Vorrechte entsprechende finanzielle Mittel, über die nur noch der Hochadel verfügte. Der kleine Landedelmann war in der Regel nicht besser gekleidet als ein reicher Bauer oder wohlsituierter Handwerksmeister. Und wenn wir uns einen Seitenblick auf seine Stellung in der Armee gestatten, so können wir feststellen, daß die Zahl derer, die als schwer gepanzerte *homme d'armes* (= gewappneter Mann) – dieser Begriff ersetzt mehr und mehr in militärischen Quellen den traditionellen Ritterbegriff – mit mindestens drei Pferden Heerfolge leisten können, in der Zeit zwischen 1350 und 1450 stetig abnimmt und die Zahl derer, die lediglich als Leichtbewaffnete mit nur einem Pferd zu den Musterungen erscheinen, im gleichen Maße zunimmt.[20] Wenn sie auch nicht gerade Hunger leiden mußten, mit der bürgerlichen Oberschicht konnten diese kleinen Adligen bezüglich modischer Aktualität und Qualität von Stoffen und Verarbeitung natürlich nicht mehr konkurrieren.

Dies bedeutet aber noch lange nicht, daß das Bürgertum mit dem Adel um die modische Vorherrschaft gekämpft oder eigene modische Akzente gesetzt hätte, die dann vom Adel nachgeahmt worden wären. Für Frankreich jedenfalls sollte sich bis zur französischen Revolution nichts daran ändern, daß zwar zwischen Adel und Bürgertum, zwischen Hof und Stadt eine permanente Konkurrenzsituation bestand, die modischen Trends aber jeweils vom Adel vorgegeben und vom Bürgertum lediglich imitiert wurden. Das Bürgertum stellte zwar durch die Weiterentwicklung der textilen und dekorativen Künste die materiellen Voraussetzungen für immer prunkvollere Kleider und Accessoires, doch war der Adel eher bereit, eine modische Torheit aus dem Ausland zu übernehmen, als es den eigenen Bürgern zu gestatten, die modische Entwicklung mitzubestimmen. Außerdem ist die Annahme falsch, daß ausschließlich oder vorwiegend bürgerliche Fernhandelskaufleute neue modische Trends verbreitet hätten. Gerade im 14. Jahrhundert zeichnet sich das europäische Rittertum durch eine sehr hohe Mobilität aus, und neue Kleiderschnitte und Stoffe haben zweifelsohne nicht nur als Handelsware, sondern auch als Kriegsbeute ihren Eingang in die Mode anderer Länder gefunden.[21]

Es wäre zu überprüfen, ob die oft behauptete „Verbürgerlichung der Mode"[22] am Ende des Mittelalters tatsächlich auf bürgerliche „Trendsetter" zurückgeht oder nicht vielmehr auf das Vorbild der burgundischen Hoftracht, die um 1450 unter Philipp dem Guten Schwarz als bevorzugte Modefarbe annahm, wobei diese Farbe bis dahin nur von den Bürgern getragen wurde. Es erscheint dem Autor höchst unwahrscheinlich, daß sich ausgerechnet dieser prunkliebende Fürst dabei an bürgerlichen Vorbildern orientiert haben soll. Vielmehr war das strenge Schwarz für ihn ein Mittel der Selbstinszenierung, indem er sich dadurch deutlich von den übrigen Mitgliedern seines Hofes absetzte, die in prunkvolle farbige Damast- und Brokatstoffe gekleidet waren.

Richtig ist, daß seit dem 14. Jahrhundert aufgrund des wirtschaftlichen Aufschwungs der Städte immer breitere bürgerliche Schichten an der jeweils herrschenden neuen Mode teilhaben konnten und es sowohl für die Monarchie in Frankreich als auch für die städtische Obrigkeit in Deutschland immer schwerer wurde, den bürgerlichen Kleiderluxus einzudämmen. Zweifelsohne hat dieser Umstand auch zur Beschleunigung des modischen Wandels beigetragen. Je schneller das wohlhabende Bürgertum Neuerungen in der Kleidung vom Adel übernahm, desto schneller mußte sich dieser etwas neues einfallen lassen, um sich modisch vom Bürgertum abzugrenzen. Der in der bürgerlichen Oberschicht rasch um sich greifende Kleiderluxus machte eine Reglementierung seitens der städtischen Obrigkeit erforderlich, so daß sich seit dem 14. Jahrhundert die städtischen Kleiderordnungen häufen. Diese Kleiderordnungen hatten anscheinend primär das Ziel, den Wettstreit der wohlhabenden Bürgerinnen um die modischste und aufwendigste Garderobe in erträglichen Grenzen zu halten. Da die Ratsherren, die solche Bestimmungen erließen, in der Regel als Ehemänner selbst betroffen waren, kann man darin auch eine Maßnahme der freiwilligen Selbstkontrolle, geboren aus hausväterlicher Sparsamkeit, erblicken.[23]

Bei der ganzen Diskussion um den gesellschaftlichen Einfluß auf die Art der Bekleidung wird nach Meinung des Autors ein wichtiger Aspekt übersehen. In dem Moment, in dem Kleidung nicht mehr allein oder primär dem Schutz vor Kälte, Hitze und Nässe dient, sondern zum Ausdrucksmittel ästhetischen Empfindens, zeitgebundenen Stilgefühls und persönlicher Profilierungssucht wird, ist sie dem modischen Wandel unterworfen.

Die Erfahrung zeigt, daß das Pendel in die entgegengesetzte Richtung ausschlägt, sobald ein modisches Thema bis zum Extrem ausgereizt ist: Nachdem die Hochgotik den Körper weitgehend verhüllt und die anatomischen Unterschiede durch einen lockeren Faltenwurf verschleiert hatte, brachte die Spätgotik den radikalen Wechsel zugunsten einer partiellen Entblößung und Betonung geschlechtsspezifischer Körpermerkmale. Nachdem dann die Spätgotik das Prinzip der Betonung der Vertikalen sowohl in der Architektur als auch in der Mode im wahrsten Sinne auf die Spitze getrieben hatte, lag am Ende des Mittelalters ein radikaler Umschwung zugunsten einer stärkeren Betonung der Horizontalen geradezu in der Luft; denn eine weitere Steigerung des alten Stiles war einfach nicht mehr möglich. Der Zwang, dem modebewußten Konsumenten etwas neues zu bieten, führte notwendigerweise zur Aufgabe des veralteten und zur Annahme eines neuen Stils. An die Stelle der Gotik trat die Renaissance, an die Stelle von Hennin, spitzem Dekolleté und Schnabelschuhen traten das Barett, das waagerechte Dekolleté und der Kuhmaulschuh.

Insofern bürgerliche Baumeister, Künstler und Handwerker von jeher eine herausragende Rolle bei der Entstehung eines neuen Kunststils spielten, hatten sie natürlich auch Einfluß auf den jeweils herrschenden Stil in der Mode. Allerdings darf man sich diesen Einfluß nicht so vorstellen, als ob bürgerliche Modemacher bestimmt hätten, was man bei Hofe zu tragen hatte oder was modisch „im Trend lag". Eher dürfte es so gewesen sein, daß eine einflußreiche Person bei Hof ein Kleidungsstück oder Accessoir eingeführt und damit zur Nachahmung empfohlen hat. So dürften bei manchen neumodischen „Erfindungen" orientalische oder iberische Kostüme Pate gestanden haben, die durch Kreuzfahrer oder ausländische Prinzessinnen an den französischen Hof gelangten und dort Furore machten. Diese wurden dann von für den Hof arbeitenden Gewandschneidern oder Putzmachern dem einheimischen Geschmack angepaßt und zum modischen Vorbild für größere Konsumentenschichten erhoben.

Drei Beispiele: So geht z. B. der geschlitzte Hängeärmel, der Ende des 12. Jahrhunderts in der Männermode auftaucht und sich bis ins 16. Jahrhundert behaupten kann, zweifelsohne auf den byzantinischen Manikion (μανικιον) zurück. Ein Zusammenhang mit dem 3. Kreuzzug ist meines Erachtens offensichtlich.[24] Die für die Damenmode des 14. und frühen 15. Jahrhunderts so typischen Höllenfenster (weite, bis auf die Hüfte reichende Armlöcher) sind in der kastilischen Mode bereits um die Mitte des 13. Jahrhunderts üblich. Es ist daher anzunehmen, daß ihre Einführung in die jeweilige nationale Hoftracht auf die Einheirat kastilischer Prinzessinnen in den französischen oder englischen Hochadel zurückzuführen ist. Durch die Fütterung und Verbrämung mit Pelzen, die nördlich der Pyrenäen stärker verbreitet waren, erhielt der offene Surcot dann sein spezifisch französisches bzw. mitteleuropäisches Gepräge. Auch der Hennin, die für die spätgotische Mode so typische weibliche Kopfbedeckung in Form eines Zuckerhutes, geht auf ein orientalisches Vorbild zurück. Der Tukur, ein aus dünnem Silberblech getriebener spitzkegeliger Kopfschmuck wurde von den Frauen der drusischen Oberschicht noch bis ins 19. Jahrhundert getragen. Angeblich wurde er in Frankreich erstmals von Isabella von Bayern bei ihrer Hochzeit mit dem französischen König Karl VI. im Jahre 1380 getragen, setzte sich danach in kürzester Zeit europaweit durch und konnte seine Stellung als wichtigster Kopfschmuck modisch Gekleideter bis ins späte 15. Jahrhundert behaupten.

TEIL I: KOSTÜMKUNDE DER SPÄTGOTIK

Periodisierung der spätgotischen Mode

Kostümkundlich läßt sich das 14. Jahrhundert in drei Perioden einteilen, eine frühe, eine mittlere und eine späte.[25] Die frühe Periode, die von ca. 1300 - 1330 geht, steht noch ganz unter dem Einfluß des 13. Jahrhunderts. Die mittlere, die von ca. 1330 - 1370 reicht, vollzieht mit einem körpernahen Schnitt, einer Verkürzung der Männerkleidung und einer teilweisen Enthüllung der Brüste in der Frauentracht, die von den Traditionalisten und Moralisten zumindest als gewagt oder kühn (frz. *hardi/e*), wenn nicht sogar als schamlos empfunden wurde, den Bruch mit der moralischen und ästhetischen Tradition des 13. Jahrhunderts. Die Veränderungen in diesen beiden Zeitabschnitten sind sowohl in der zivilen Mode als auch in der militärischen Ausrüstung so tiefgreifend und markant, daß es im Dienste einer halbwegs erschöpfenden Behandlung des Themas notwendig wurde, den vorliegenden Band ganz der Zeit von 1320 - 1370 zu widmen.

Surcot mit Hängeärmeln, um 1200
nach Petrus de Ebulo

Die späte Periode von 1370 - 1400 schließlich bringt eine Akzentuierung und Verfeinerung modischer Neuerungen der vorangegangenen Periode. Außerdem leitet sie mit der Erfindung neuer Kleidungsstücke und neuer modischer Accessoires (z. B. Houppelande und Henin) über zur Mode des frühen 15. Jahrhunderts, weshalb der Autor die beiden ersten Jahrzehnte des nächsten Jahrhunderts mit in den Betrachtungszeitraum des nächsten Bandes einbezogen hat. In der Waffentechnik setzt sich in dieser Zeit endgültig der ganz aus Metallplatten getriebene „blanke“ Harnisch durch, welcher die traditionellen Panzerformen (Kettenhemd und Plattenrock/Brigantine) in eine sekundäre Rolle abdrängt. Der sich daran anschließende Band wird die Entwicklung der zivilen und militärischen Tracht von 1420 - 1480 behandeln. Der Spätgotik werden damit insgesamt 3 Bände gewidmet.

Natürlich sind die Übergänge von einer Periode zur nächsten fließend und auch in den verschiedenen europäischen Ländern zeitlich nicht deckungsgleich. Was im Band über die Früh- und Hochgotik über das kulturelle Gefälle von Süd nach Nord und von West nach Ost gesagt wurde, bleibt auch im 14. Jahrhundert im wesentlichen gültig, selbst wenn sich um 1350 mit Prag im Herzen Mitteleuropas ein neues kulturelles Zentrum etabliert.

Den größten Einschnitt in der Entwicklung der abendländischen Mode bildet wohl die Einführung des „kurzen Kostüms“ in der Männertracht, die sich schrittweise zwischen ca. 1320 und 1370 vollzieht. Paul Post, der als erster Historiker diese Neuerung in ihrer ganzen Tragweite analysiert hat, schreibt dazu: „Dieser neue Kostümtyp muß als ein Wendepunkt in der gesamten abendländischen Männertracht betrachtet werden. An Stelle des langen mittelalterlichen Hängegewandes tritt der kurze, vorne offene und geknöpfte Rock mit Beinkleidern, wie er sich in derselben Gestalt ein halbes Jahrhundert, in seinen wesentlichen Bestandteilen bis in unsere Tage erhalten hat."[26]

Ein weiterer revolutionärer Schritt ist die Erfindung des Dekolletés in der weiblichen Tracht, die zwar erst um 1350 erfolgt, aber durch eine allmähliche Erweiterung des Halsausschnittes vorbereitet wird. Die schrittweise Entblößung des Hals-Brust-Bereiches wird begleitet von einer Verengung der weiblichen Oberbekleidung, die anders als in Spätromanik und Frühgotik nicht mehr durch Schnürung, sondern durch einen komplizierten, körpernahen Zuschnitt erreicht wird. Beide Entwicklungen stehen für die endgültige Trennung von Herren- und Damenmode und machen darüber hinaus deutlich, daß sich die Mode von der Bevormundung durch kirchliche Moralvorstellungen gelöst hat.

„Die modische Kleidung brachte demnach in gleicher Weise in den kostbaren Stoffen und Applikationen wie im schnittechnischen Zierat eine völlige Veränderung und verdeutlicht zugleich durch das starke Hervortreten der Körperformen eine neue Einstellung zur Körperlichkeit. Die Mode wurde zum Parameter eines veränderten Lebensgefühls und zum Signum eines neuen Persönlichkeitsbewußtseins und Selbstwertgefühls."[27]

Erläuterungen zu TAFEL I

Bauernkleidung um 1330

1 Kurze Cotte des Bocksten-Mannes (Schweden)

2 Gugel (Originalschnitt wie Tafel A, Abb. 6)

3 Originalschnittmuster nach E. Lundwall

4 Originalschnittmuster eines Beinlings aus Herjolfsnes nach Nørlund

TAFEL I

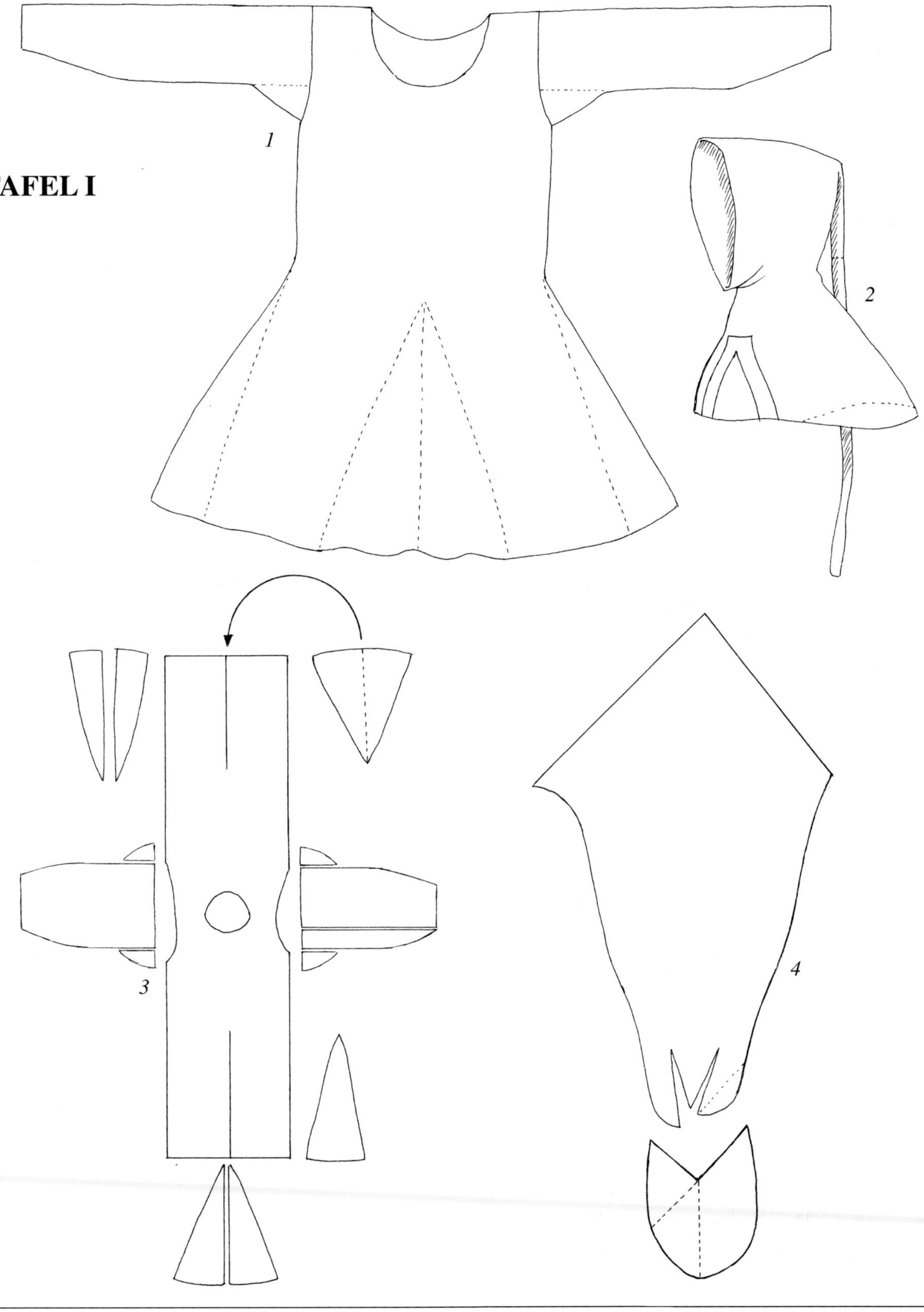

DIE KLEIDUNG DES MANNES 1320 - 1370

Der Übergang zum kurzen Kostüm 1320–1335

Da die Veränderungen in der Männerkleidung des 14. Jahrhunderts tiefgreifender sind als in der Frauentracht und auch einen größeren Reichtum der Trachtformen hervorgebracht haben, wird ihre Darstellung in diesem Band einen breiteren Raum einnehmen als in dem über die Früh- und Hochgotik. Für die Zeitgenossen war der Wandel in der Männerbekleidung auf jeden Fall augenfälliger als der in der Damenmode; denn der Chronist Tilemann Elhen schreibt ja unter dem Jahr 1350 ausdrücklich: *unde machten di menner niuwe kleidunge.* Die eigentliche Zäsur liegt also um die Mitte des 14. Jahrhunderts, wobei der exakte Zeitpunkt je nach Autor und regionaler Schwerpunktbildung mit um 1350 oder um 1360 angegeben wird. Die ersten, noch zaghaften Schritte in Richtung auf eine Verkürzung und Verengung der Männertracht finden aber bereits um 1320 statt, weshalb ich den ersten Band meiner Kostümkunde des Mittelalters mit diesem Jahr habe enden lassen.

In den ersten 30 Jahren des 14. Jahrhunderts verharrt die Mode in ihren wesentlichen Zügen in den Bahnen, die sie schon Ende des 13. Jahrhunderts verfolgt hat. Eine komplette Garnitur (frz. *robe*) besteht aus mindestens drei Kleidungsstücken, von denen in der Regel mindestens zwei getragen werden.[28] Eine solche Garnitur besteht aus dem Unter- (*cotte*), dem Obergewand (*surcot*) und einem Mantel bzw. Übergewand. Unter- und Obergewand fallen noch um 1320 meist ungegürtet und ohne Taillierung in weiten Falten bis zu den Knöcheln herab. Ein bis zum Schritt heraufreichender Reitschlitz – auf Abbildungen nur vorne sichtbar, aber auch auf der Rückseite vorhanden – gehört zu den Merkmalen ritterlicher Kleidung. Die normalen Kleider des Bürgertums unterscheiden sich oft bei grundsätzlich gleichem Zuschnitt durch das Fehlen dieses Schlitzes, da man hier nur selten reitet. Die modische Cotte hat lange, nunmehr generell an der Schulter „rund“ eingesetzte Ärmel, die unterhalb des Ellenbogens eng geschnitten sind und mit einer Reihe von kleinen Kugelknöpfen verschlossen werden. Meist sind es pro Ärmel nicht mehr als fünf, zuweilen aber bis zu 15 Knöpfe. Der enganliegende Halsausschnitt ist in der Regel kragenlos und wird ebenfalls mittels einer kurzen Knopfreihe geschlossen.

Der Surcot kommt in zwei Varianten vor, einer offenen, d. h. ärmellosen, und einer mit langen Ärmeln. Der ärmellose Surcot (frz. *surcot ouvert*) ist wahrscheinlich mit der suckenie (frz. *souquenie/sorquanie*, von slaw. *sukno/suknie* = Wollstoff/Wollkleid) identisch. Seine Armöffnungen haben sich bereits gegen Ende des 13. Jahrhunderts so vergrößert,[29] daß im Brustbereich nur

---

Erläuterungen zu TAFEL II

Der lange Surcot

1 Originalschnitt nach Nørlund

1 a Ärmelschnitt, ca. 1350, linke Hälfte

2 Schnittrekonstruktion des Surcot von Robert Braunche, 1364

TAFEL II

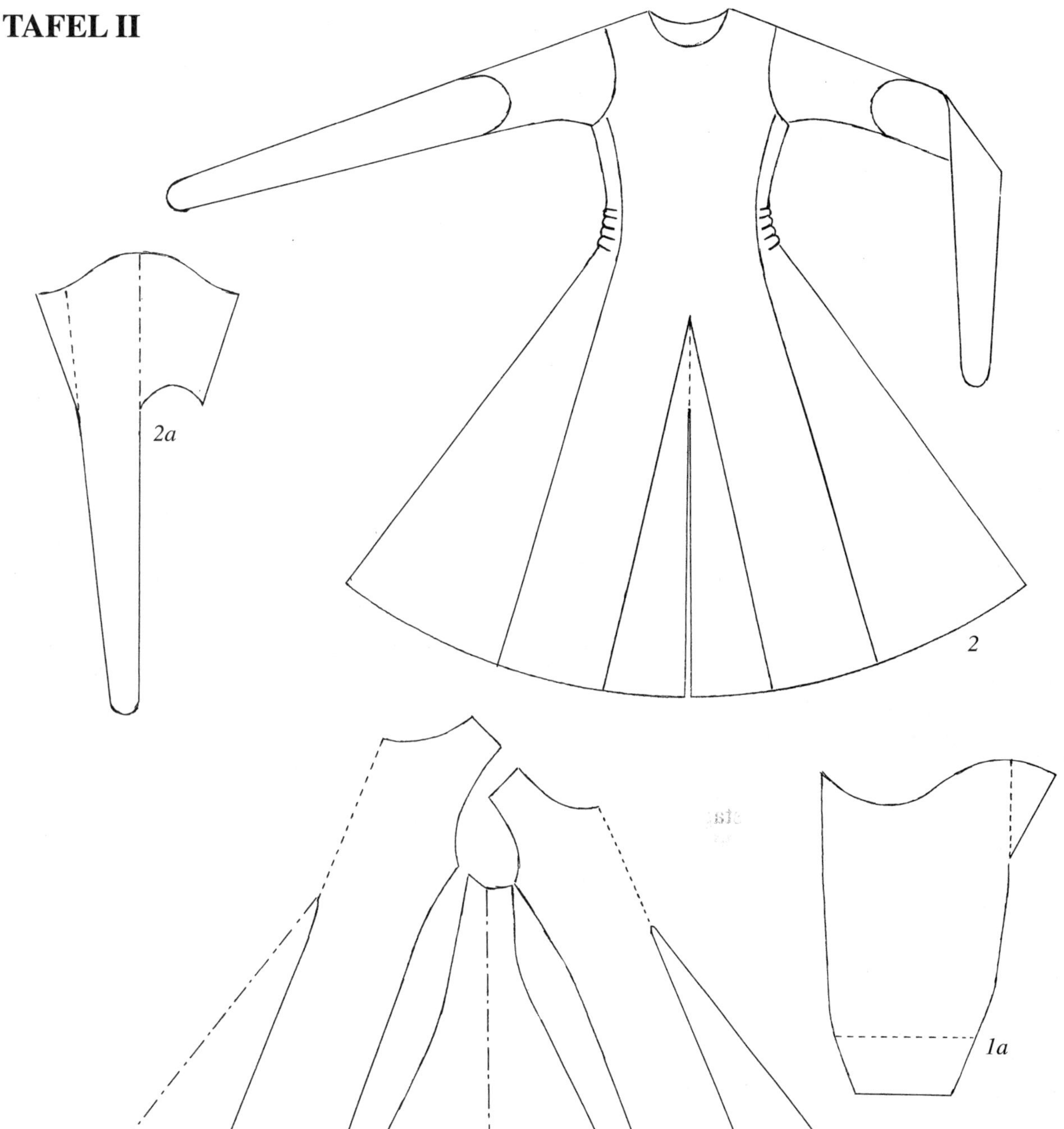

noch ein breiter Steg übriggeblieben ist. Der offene Surcot verschwindet um 1335 ganz aus der zivilen Männertracht, bleibt aber als Wappenrock noch bis zur Jahrhundertmitte erhalten. In der zivilen Kleidung wird der ärmellose Surcot im ersten Drittel des 14. Jahrhunderts vorwiegend im Innenbereich und dort vor allem zu den Mahlzeiten getragen. So berichtet der Dichter Guillaume de Machaut (ca. 1300 - 1377) aus dem Tagesablauf einer höfischen Gesellschaft um 1335: „Nachdem man dem Gesang gelauscht hatte, ging jeder auf sein Zimmer, um sich zum Essen umzuziehen; man zog den *corset* aus, um einen *surcot ouvert* anzuziehen."[30] Der *surcot ouvert* ist damit offenbar identisch mit dem *surcot à diner*, der *corset* mit einem langärmeligen Obergewand.

Das langärmelige Obergewand erscheint in den französischen Texten des 14. Jahrhunderts unter drei verschiedenen Bezeichnungen: *surcot*, *corset* oder *gardecorps*, ohne daß daraus auf einen bestimmten Schnitt rückgeschlossen werden könnte. Surcot und Corset haben im allgemeinen keine Kapuze, wohingegen der Gardecorps, der eigentlich wie die Garnache eine Art Mantel ist, stets mit einer solchen versehen ist. Allerdings steht in einem französischen Text, der Mitte des 14. Jahrhunderts entstanden ist, daß Robert, ein Pelzhändler aus Paris, für das Futter eines weißen Surcots, welchen der König an Samstagen trug, 386 Bauchfelle von sibirischen Eichhörnchen (Feh) und zusätzlich 60 weitere für die Ärmel geliefert hat, außerdem 386 Bauchfelle für das Futter einer Garnache. Aus dieser Quelle können wir dreierlei ablesen: Erstens hatte dieser spezielle Surcot relativ weite Ärmel, zweitens war er genauso weit geschnitten wie eine Garnache und drittens mußte er genau wie diese eine Kapuze gehabt haben, da ansonsten nicht die gleiche Anzahl Felle nötig gewesen wäre.[31]

In der Regel ist der langärmelige Surcot im Gegensatz zur Garnache eher mäßig weit und reicht bis zur halben Wade. Senkrechte Schlitze auf der Vorderseite bzw. in den Seitennähten ermöglichten den Zugriff zur darunter getragenen Gürteltasche. Weil er gewöhnlich kapuzenlos ist, trägt man dazu eine Gugel. Abgebildet erscheint er recht häufig in den wichtigsten ikonographischen Quellen der ersten Hälfte des 14. Jahrhunderts, angefangen bei der Manessischen Liederhandschrift (1310 - 20) bis hin zum Bilderzyklus des trierischen Codex

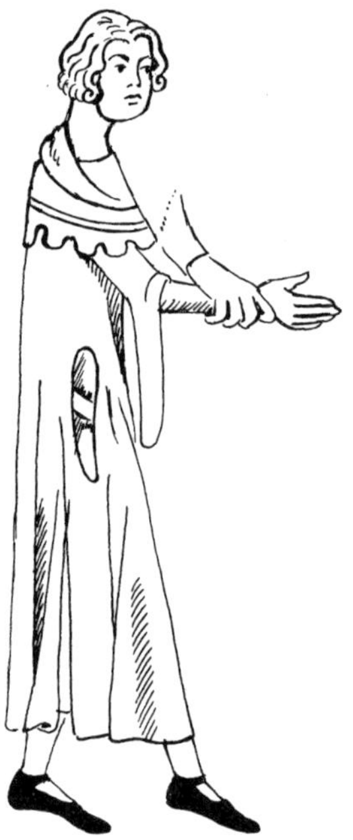

Codex Balduini

Balduini (1335 - 40). Er verdrängt – zuerst in der Straßenbekleidung – mehr und mehr den offenen Surcot des ausgehenden 13. Jahrhunderts, wie wir ihn aus der Manessischen Liederhandschrift her kennen. Bei schlechtem Wetter wird über Cotte und Surcot als drittes Garniturstück ein Mantel getragen: eine Heuke oder Glocke, ein Gardecorps bzw. eine Garnache, eine Housse oder ein Tappert (frz. *tabbard*).

Die vielfältige und sich ständig wandelnde Gestaltung der Ärmel des Surcots ist augenfälliges Indiz für die Formenfreudigkeit des neuen Jahrhunderts; ja, der Ärmelschnitt wird geradezu zu einem der modischen Hauptmotive der Spätgotik: Um 1310 dreiviertellang und an den Längsseiten parallel zu den Webkanten zugeschnitten, weiten die Ärmel sich um 1320 zu mäßig weiten Trichtern. Da Post hierfür den Begriff „Tütung" geprägt hat, könnte man sie als „Tütenärmel" ansprechen. Schon in der Zeit 1320 - 30 erscheinen die Surcotärmel auf Abbildungen bisweilen mit einem löffelartigen Fortsatz, der auf der Rückseite des Unterarms bis zu den Handgelenken herabhängt und für die sich – einem zeitgenössischen Text entsprechend – der Name „Eselsohrärmel" anbietet.[32] Kurze, unten gerade abgeschnittene Hängeärmel weist ein weit geschnittener langer Surcot aus roter Seide auf, der auf ca. 1323 datiert wird und der bei der Öffnung des Grabes des Cangrande della Scala in Verona geborgen wurde (vgl. s/w-Tafel VII, Abb. 2).

Mit der Ablösung des halblangen Surcots durch die Cotardie und später die Schecke (Wams, Joppe, Jacke) verschwinden diese Eselsohrärmel am kurzen Obergewand. Bei der Schecke werden sie durch Oberarmbänder ersetzt, von denen lange Bänder bis zu den Unterschenkeln herabflattern (vgl. Tafel B, Fig. 2). Der auch in der zweiten Hälfte des Jahrhunderts vor allem von Angehörigen der älteren Generation noch getragene knöchellange Surcot ist noch mit halben Hängeärmeln ausgestattet, die allerdings nicht mehr eselsohrförmig, sondern wie lange Zungen bis in Hüft- oder Kniehöhe herabhängen[33] (vgl. Abb.).

Robert und Letitia Braunch, 1364
nach Stothard

Figur 2 auf Tafel A, gezeichnet nach einer französischen Miniatur von 1336,[34] trägt eine Kombination, wie sie für die Zeit von ca. 1320 - 1335 typisch ist. Sie besteht aus einer dreiviertellangen, langärmeligen, bordeauxfarbenen Cotte, einem etwas längeren grünen Surcot mit dreiviertellangen Ärmeln und einer lohfarbenen Garnache. Dazu trägt der Herr bordeauxfarbene Beinlinge und eine grüne Gugel.

Der Umschwung in der Männertracht, der mit der Einführung des epochetypischen kurzen Männerrocks (Cotardie ab ca. 1340 und Schecke/ Schoppe ab ca. 1350)[35] um die Mitte des 14. Jahrhunderts vollendet ist, wird durch eine schrittweise Verkürzung und Verengung der Obergewänder seit den zwanziger Jahren des 14. Jahrhunderts vorbereitet.[36] Während der Saum des modischen Surcots im Laufe von anderthalb Jahrzehnten immer kürzer wird, bis er gegen 1335 eine Handbreit unter dem Knie endet, verengt sich das Oberteil gegen Ende des gleichen Zeitraums so sehr, daß das sichtbar getragene Obergewand nicht mehr als Schlupfgewand über den Kopf gezogen werden kann, sondern vorne durchgehend zu öffnen ist und bis zum Beginn des Reitschlitzes mit einer langen Knopfreihe geschlossen werden muß. Außerdem sind die Rockschöße jetzt generell nicht nur hinten und vorne, sondern auch an den Seiten bis in Schritthöhe geschlitzt. Auch die Ärmel des Obergewandes werden um 1330 enger und kürzer, so daß sie oben nur bis zur Armbeuge reichen, während sie unten auf der Rückseite mit einem eselsohr- oder löffelartigen Fortsatz versehen sind, welcher bisweilen bis über die Fingerspitzen herunterhängt.[37] Darunter erscheinen die Ärmel des Untergewandes, also die der Cotte oder die des Wamses, enganliegend und bis zum Ellenbogen geknöpft (vgl. Figur 1 auf Tafel A).

Daneben existiert nach wie vor eine weit geschnittene Variante mit dem gleichen Ärmeltyp, der aber nicht durchgehend geknöpft ist, sondern am Hals nur einen kurzen mit Knöpfen verschlossenen Schlitz aufweist. Bildliche Darstellungen der engen Variante lassen sich in der zeitgenössischen französischen und englischen Kunst allerdings bereits gegen 1325 finden. Ein gutes Beispiel für die weite Variante mit Kapuze aus dem

Kuno von Falkenstein, gest. 1333
Kurzer Surcot mit Eselsohrärmeln

deutschsprachigen Raum ist das Grabbild des Kuno von Falkenstein (gest. 1333) aus der Marienkirche in Lich (vgl. Abb.).

Da der Gürtel samt Gürteltasche traditionell auf dem Untergewand getragen wird, bleibt er bis auf ein kleines Stück, welches durch die seitlichen Schlitze zu sehen ist, größtenteils unsichtbar.

Die Durchsetzung des kurzen Kostüms 1335 - 1370

Ab der Mitte der dreißiger Jahre setzt sich mehr und mehr die halblange und eng taillierte Variante des Surcots durch, welche über einer entsprechend gekürzten langärmeligen Cotte oder einem Wams getragen wird. Der eng taillierte Surcot behält ähnlich wie sein weites Gegenstück im Bauchbereich die zwei senkrechten Schlitze, die es dem Träger ursprünglich ermöglichen sollten, an die am Gürtel hängende Tasche zu gelangen, nun aber eigentlich überflüssig sind, da der Gürtel samt Tasche und Dolch auf dem Obergewand getragen wird.[38] Auffallend ist, daß der Gürtel nun nicht mehr in der Taille, sondern auf der Hüfte getragen wird, eine für die folgenden ca. 80 Jahre charakteristische Position.

Figur 1 auf Tafel A zeigt eine Kombination wie sie von ca. 1335 bis ca. 1345 üblich war.[39] Über einer roten Cotte bzw. einem roten Wams mit engen langen Ärmeln trägt dieser adlige Herr – nur der Adel durfte Fehpelz als Gewandfutter benutzen – einen eng taillierten blauen Surcot mit Eselsohrärmeln. Auffallend sind die zwei senkrechten Schlitze in Bauchhöhe und der auf Hüfthöhe herabgerutschte Gürtel. Die Kleidung wird ergänzt durch eine geschwänzte rote Gugel und rote Beinlinge. Letztere sind noch vom gleichen Schnitt wie die im 13. Jahrhundert getragenen, d. h. sie sind oben in einem einfachen Bogen geschnitten und werden mit je einem Bändel am Bruchgürtel festgebunden.

Fast unmerklich vollzieht sich mit der Verlagerung des Gürtels von innen nach außen ein Funktionswandel in der Oberbekleidung. Die lange Cotte, die als ursprüngliches Obergewand noch zu Beginn des 14. Jahrhunderts durchaus ohne Surcot getragen werden konnte, wird in ihrer gekürzten Variante mehr und mehr zum Untergewand und ist schließlich vom Wams, welches im 13. und im ersten Drittel des 14. Jahrhunderts zur Unterkleidung gerechnet wurde, funktional nicht mehr zu unterscheiden.[40] Der Begriff *cotte* verschwindet daher völlig aus dem modischen Vokabular und wird nur noch im Sinne von Kutte oder Kittel im Zusammenhang mit der Kleidung der Bauern und Mönche, die das traditionelle Schlupfgewand in unterschiedlicher Länge beibehalten, verwandt.[41]

An ihre Stelle tritt die Cotardie, ein kurzes, eng tailliertes, auf der Vorderseite mit Knöpfen geschlossenes Gewand mit langen, geknöpften Ärmeln (Tafel B, Fig. 1 und Abb. 3). Es ist in der kostümkundlichen Literatur viel über dieses Kleidungsstück spekuliert worden. Manche sehen darin sogar ein Übergewand, welches noch über dem Surcot getragen wurde.[42] Es fragt sich allerdings, was an einem solchen Gewand kühn oder gewagt sein könnte; denn im Französischen bedeutet *hardi/e* kühn oder gewagt, womit die Cotardie als ein Gewand charakterisiert ist, welches mit den Sehgewohnheiten und den ästhetisch/moralischen Kategorien der älteren Generation brach. Wahrscheinlich sah man es damals schon als gewagt an, daß man ein maximal knielanges Kleidungsstück, das man früher zur Unterkleidung gezählt hätte, nun ohne Obergewand trug; denn offensichtlich galt auch der männliche Oberschenkel bis zur Mitte des 14. Jahrhunderts als Tabuzone. Eine Kleiderordnung der Stadt Marseille aus dieser Zeit schreibt vor, daß die Cotardie mindestens knielang sein muß. Die Cotardie wäre damit identisch mit dem *korzen rock*, der uns in den zeitgenössischen deutschen Quellen begegnet.

Figur 1 auf Tafel B zeigt einen einfachen Bürger in der Kleidung um 1350: Er trägt eine grüne wollene Cotardie, die mit zahlreichen Zinnknöpfen geschlossen wird, darunter braune Beinlinge und mäßig spitze Halbstiefel. Als Hals- bzw. Kopfbedeckung dient eine einfache braune Gugel.

Neben dem modisch kurzen Surcot und der Cotardie existiert nach wie vor das lange Gewand vom Beginn des 14. Jahrhunderts, welches vorwiegend von älteren Männern „in zeitgemäßer Umgestaltung über dem kurzen Wams getragen, die Garderobe um ein weiteres Kleidungsstück von höchst eigenartiger Prägung und Wirkung“[43] bereichert. Es reicht entweder bis zu den Fußgelenken oder endet ca. eine Handbreit oberhalb davon. Gegen Ende des Berichtszeitraums erscheint es auf Darstellungen tailliert oder mäßig weit und vorne bis zum Gürtel oder durchgehend geknöpft. Meistens hat es unterhalb des Ellenbogens enge und mit einer dichten Knopfreihe versehene Ärmel. Es kommen aber auch andere Ärmelformen vor, so der halblange Ärmel mit mehr oder weniger langen „Eselsohren". Der Gürtel sitzt bei diesem Gewand entweder in der Taille, oder er wird darunter getragen, wobei im letzteren Fall der Surcot im Hüftbereich die beiden senkrechten Schlitze aufweist, die den Durchgriff zur Gürteltasche ermöglichen.[44] Aufgrund seiner Länge und seiner Weite im Rockbereich erscheint er als Vorläufer der *houpelande*, die gegen Ende des Jahrhunderts in der Mode eine große Rolle spielen wird.

Um 1345 erscheint der kurze Männerrock entweder als enger Surcot mit Hängeärmeln oder als Cotardie mit langen geknöpften Ärmeln. Beide sind bis zum Gürtel geknöpft und haben einen knielangen Faltenrock, der durch das Einnähen von angeblich bis zu 30 Geren erzielt wurde. Die Limburger Chronik beschreibt die alte und die neue Männerkleidung aus der Zeit vor der Pest wie folgt: *Dy alden lude, mit namen dy manne, drugen wyde unde lange kleider unde enhatten nit kneuffe an den, sunder an den armen hatten sy der kneuffe vir oder funff. Dy arme waren bescheidelichen wyt. Unde dy selbe rocke waren umb dy brost oben gerunziret unde gefrenziret unde waren vornen uffgeslitzet bit an synen gortel. Unde dy jungen manne drugen korze kleider, dy waren abgesneden uff den lenden unde gerunziret unde gevalden, mit engen armen. Dy kogeln waren groß. Darnach zuhandes drugen sy rocke mit vir unde zwenzig oder drißig geren und lange heucken, dy waren gekneuffet vorn nider bit uff dy fuße, unde stumpe schuwe.*[45]

Ein paar Jahre später, nach der großen Pest, vollzieht sich der endgültige Wandel.[46] Während die ältere Generation ihre konservative Kleidung beibehält, vollzieht die junge einen radikalen Wandel: Der verkürzte Surcot mit den Hängeärmeln und die alte, knielange Cotardie verschwinden fast ganz und mit ihnen der in viele kleine Falten fallende Rockschoß. *Di rocke waren unden ane geren unde waren auch nit abgesneden umb di lenden und waren also enge, daz ein man nit darinne geschiden konte, und waren di rocke ein spanne nahe ober di knien.* An die Stelle des knielangen, unterhalb des Gürtels reich gefältelten Rockes tritt also ein kürzerer, auch unten eng anliegender, welcher zwar in diesem Text noch mit der traditionellen Bezeichnung *rock* versehen wird, tatsächlich aber ein völlig neuartiges Gewand darstellt. In Deutschland reicht es um 1350 noch bis zum halben Oberschenkel (1 Spanne = 22 - 28 cm oberhalb der Knie), wird aber danach schnell kürzer: *Darnach machten si di rocke also korz, ein spanne ober den gortel.* Das heißt, der Rock ist nun nur noch etwas mehr als gesäßlang (ca. 70 cm). Bei diesem kurzen Rock handelt es sich aber um nichts anderes als um das vorher nur im Bereich der Unterarme sichtbare Wams, welches in anderen Gegenden und später ganz allgemein als Schecke (von frz. *jaque*) oder Schoppe, Joppe (von frz. *jupe*)[47] bezeichnet wird (Tafel B, Fig. 2 und Abb. 5). In Frankreich und England wird der alte Begriff *cotardie* noch bis ca. 1360 als Bezeichnung für das neue, kürzere Wams weiter verwendet.

Figur 2 auf Tafel B zeigt einen adligen Stutzer in einer Kombination, wie sie um 1360 modisch war: Er trägt eine rot-grün geschachte Schecke über rot-grünen (mi-parti) Beinlingen. Diese sind besohlt, so daß sich Schuhe erübrigen, denn auf der Straße werden Trippen getragen. Als Hals- und Kopfbedeckung dient eine Gugel mit gezaddeltem Rand, fallweise ergänzt durch einen kegelstumpfförmigen Hut mit aufgeschlagener Krempe, an der auch eine Agraffe mit Feder befestigt werden kann.

Grundsätzlich waren sowohl Wams als auch Cotardie gefüttert. Im Gegensatz zum Wams, das nur mit Stoff gefüttert war, konnte die Cotardie auch mit Pelz gefüttert sein. Ab ca. 1360 konnte auch das zivile Wams gepolstert und von außen sichtbar gesteppt sein.[49] Wegen dieser Steppnähte nannte man ein Steppwams im Französischen und Englischen auch *porpoint/pourpoint* (von afrz. *porpoindre* = steppen). Dieser Begriff wurde auch für das militärische Wams benutzt, allerdings mit dem Zusatz *à armer* (= zum Bewaffnen), und verdrängte im 14. Jahrhundert die alten Begriffe *gambéson* und *hauqueton*. Die Ärmel von Wams und Schecke erscheinen bis ca. 1365 meist enganliegend und bis über die Ellenbogen hinaus geknöpft. An die Hängeärmel des Surcot erinnern nur noch zwei lange, gerade oder gezaddelt zugeschnittene Stoffstreifen, die fast bis auf den Boden reichen und am Oberarm durch eine angenähte Binde gehalten werden. Diese Streifen sind auf der Innenseite mit andersfarbigem Seidenstoff oder mit Pelz gefüttert. *Item dy herren, ritter unde knechte, wanne daz sy hobeten, so hatten sy lange lappen an iren armen byt uff dy erden, gefudert mit kleinespalde oder mit bunte, als den herren unde rittern zugehort.*[50]

Die Frage bleibt, wie es dazu kommen konnte, daß das kurze Wams, ein als unschicklich angesehenes Kleidungsstück, zum typischen Männerobergewand wurde, welches die Entwicklung der männlichen Mode bis in die Gegenwart hinein beeinflußte?

Wams und Schecke

Zivil-Wams und Schecke sind im 14. Jahrhundert nicht urplötzlich aufgetaucht, sondern sind aus einem Kleidungsstück entstanden, das es schon bedeutend länger gab. Um diese Entwicklung richtig zu verstehen, müssen wir zum einen in das 13. Jahrhundert zurückgehen und zum anderen einen Seitenblick auf die gleichzeitige Entwicklung der ritterlichen Schutzrüstung werfen; denn das Wams, welches traditionell zur Unterkleidung zählte, kam in einer zivilen und einer militärischen Variante mit unterschiedlichen Bezeichnungen vor. Das zivile Wams wurde als Kälteschutz unter der Cotte getragen und war in der Regel nicht länger als 75 cm, manchmal ärmellos. Im militärischen Bereich trug der Ritter während der vorangegangenen Epoche unter dem sackartig zugeschnittenen und locker fallenden Kettenhemd einen ähnlich geschnittenen gepolsterten Ärmelrock, den *gambaison* (auch *gambéson* oder *gambison* von germ. *wambeis)* oder den *aketon* (frz. *aqueton/hauqueton*, von arab. *al coton* = Baumwolle).[51]

Als sich Ende des 13. Jahrhunderts die zusätzliche Panzerung des Rumpfes durch einen eng anliegenden Plattenrock allgemein durchsetzte, mußte sich auch das Polsterwams stärker der Körperform anpassen, um nicht den Tragekomfort durch Faltenbildung zu beeinträchtigen. Ein eng geschnittenes Steppwams konnte aber nicht mehr über den Kopf gezogen werden, sondern mußte wie eine Jacke vorne durchgehend offen und mit einer Verschnürung versehen sein. Dieser Zwang zur **Anpassung an die Körperform** verstärkte sich in dem Maße, wie sich nach und nach auch eine Armpanzerung durch enganliegende Schienen, Röhren und Buckel durchsetzte. Die Limburger Chronik erwähnt für die Jahre 1350/51 ausdrücklich, daß die *underwamse ... enge armen* hatten.[52] Die engsitzende, anfänglich zusätzlich über dem Kettenhemd getragene, neumodische Armpanzerung führte damit zur Aufgabe des einteiligen geraden und zur Annahme des mehrteiligen gekrümmten Ärmels[53] (Tafel E, Abb. 3).

Parallel zur Verengung vollzog sich auch eine **Verkürzung** des militärischen Polsterwamses, welche ebenfalls auf eine Ausdehnung der Plattenpanzerung zurückzuführen ist. Die Generalisierung des Gebrauchs von Kniebuckeln aus Eisen bzw. Stahl oder metallverstärktem, gehärtetem Leder (*cuir bouilli*)[54] hatte zuvor allgemein zu einer Verkürzung des Kettenpanzers geführt, der nun kurz oberhalb des Knies endete. Die Einführung von gepolsterten, möglicherweise auf der Innenseite durch Eisenplatten verstärkten Diechlingen (Oberschenkelschützer) oder von über den Kettenbeinlingen getragenen Oberschenkelschienen aus gehärtetem Leder (letzeres vor allem in Italien) machte eine weitere Verkürzung des Ringelpanzers möglich, der schließlich um 1325 nur noch bis zur Oberschenkelmitte reichte. Das Wams, welches dieser Entwicklung etwas zögerlich folgte, blieb unter dem Saum des Kettenhem-

Ritter in Lagerkleidung mit Steppwams und Gugel, ca. 1340

des ungefähr eine Handbreit sichtbar. Das militärische Polsterwams hatte damit einen Zuschnitt und eine Länge, welche in der zivilen Mode erst rund 25 Jahre später üblich wurden. Damit gebührt dem „kurzen knappen Kriegskleide ... die zeitliche Priorität ... vor der kurzen Friedenstracht“.[55]

Wie wurde nun dieses der Unterkleidung zuzurechnende militärische Kleidungsstück zum stilistisch beherrschenden Element der Mode für eine ganze Epoche? Paul Post schreibt über diese Militarisierung der Männertracht: „Dieser legèren Tracht wird sich der Ritter auf Märschen und im Lagerleben gewöhnlich bedienen, ... und so kann aus dem Notbehelf schließlich die neue Tracht in ritterlichen Kreisen entstanden sein und sich von da aus auf die gesamte Mode übertragen haben.“[56]

Dies allein erklärt allerdings noch nicht, wieso sich die militärische Lagertracht als Vorbild für die neue zivile Mode durchsetzen konnte. Zwei Faktoren sollen dabei eine wichtige Rolle gespielt haben: Erstens eine von mehreren Autoren festgestellte fortschreitende Militarisierung der Gesellschaft zu Beginn des 14. Jahrhunderts, vor allem in Frankreich und Italien. Diese Militarisierung sei zurückzuführen auf einen fast permanenten Kriegszustand, in Frankreich durch die flandrischen Feldzüge (1302 - 1328), die nach einer kurzen Atempause in den Hundertjährigen Krieg zwischen Frankreich und England (1337 - 1453) übergingen, und in Italien durch die andauernden Kriege und Bürgerkriege zwischen Guelfen und Ghibellinen, bzw. zwischen weißen und schwarzen Guelfen, die sich seit dem Beginn des 14. Jahrhunderts durch die verstärkte Einmischung deutscher und französischer Fürsten weiter verschärften. So bringt ein italienischer Chronist des 14. Jahrhunderts, Giovanni Villani, das Aufkommen der neuen Mode – die er im übrigen stark kritisiert – mit der Übernahme der Regierung von Florenz durch Gautier de Brienne im Jahre 1341 in Verbindung.[57]

Zuschnitt und Verarbeitung des Steppwamses

Die Verengung des Steppwamses wurde nicht durch eine einfache Taillierung des traditionellen Tunikaschnittes erreicht, sondern durch einen Wechsel vom zweiteiligen zum vierteiligen Rumpfteil und vom einteiligen zum mehrteiligen Ärmel. Bezeichnenderweise sprechen die zeitgenössischen französischen Texte vom *pourpoint de quatre quartiers* (= Steppwams aus vier Vierteln).[58] Wie bereits an anderer Stelle erwähnt, haben zwei vierteilige Wämser die Jahrhunderte überdauert: das des französischen Kronprinzen Charles (VI.) im kunsthistorischen Museum von

Chartres und das des „Schwarzen Prinzen“ Eduard in der Kathedrale von Canterbury. Leider hat das erste weite Ärmel und das zweite nachträglich gekürzte, so daß wir nicht genau sagen können, wie bei einem solchen Wams ein enger Ärmel geschnitten war.

Der Schneider hat bedingt durch den komplizierten Schnitt natürlich bedeutend mehr Arbeit als bei der Anfertigung einer einfachen Cotte. Bevor er mit dem Zuschneiden eines korrekt sitzenden, modischen Wamses beginnen kann, benötigt er ein Schnittmuster. Dazu muß er die einzelnen Teile ungefähr passend aus einem billigen Stoff ausschneiden und ihre endgültigen Abmessungen durch eine Anprobe ermitteln. Da bei den Gewändern des 14. und frühen 15. Jahrhunderts an Ärmeln und Vorderverschluß keine Überlappung (Übertritt) existiert, muß diese beim Zuschneiden nicht berücksichtigt werden. Stattdessen stoßen die Ränder stumpf aneinander und lassen biswei-

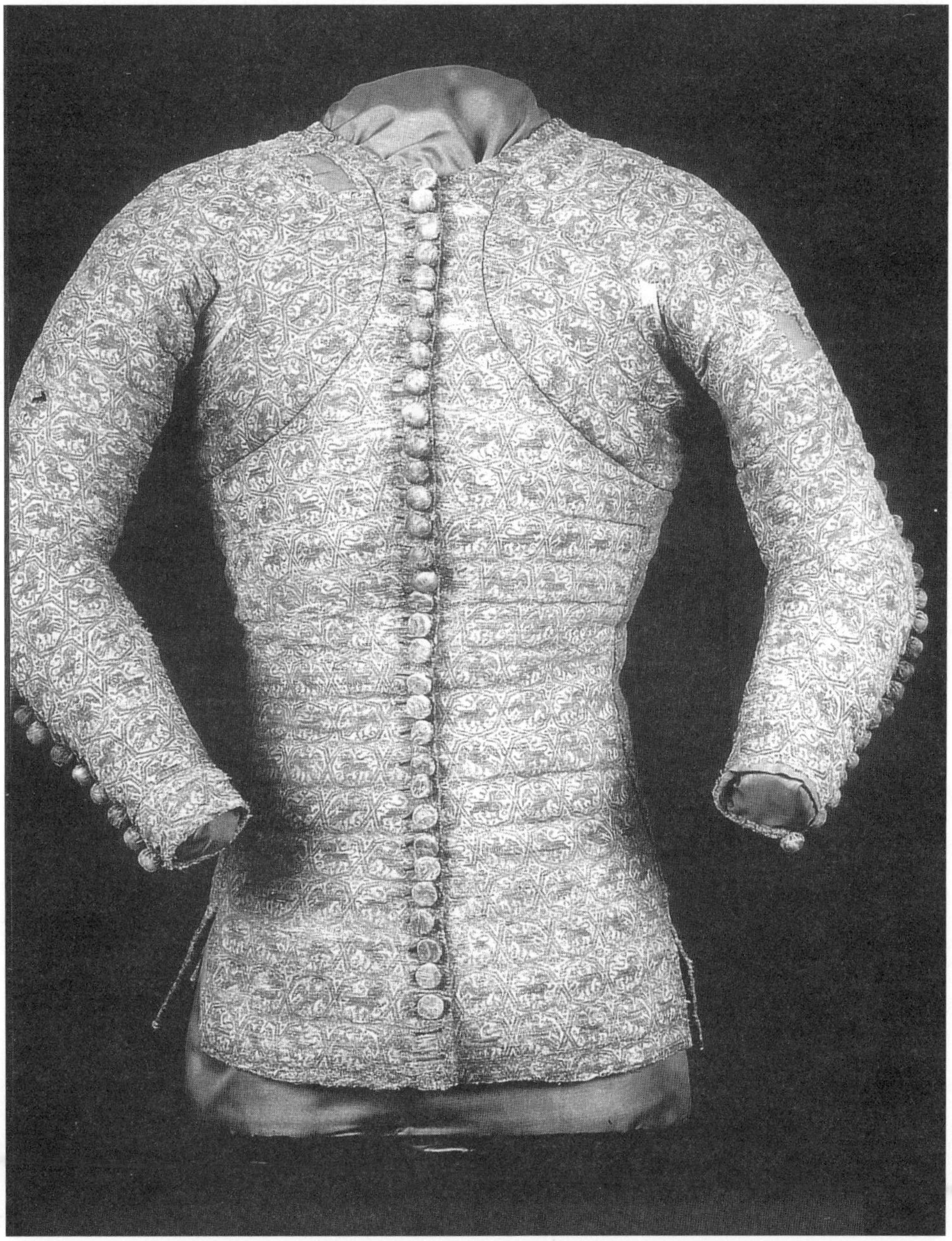

Pourpoint von Charles de Blois , © Musée des Tissus, Lyon

len selbst im zugeknöpften bzw. verschnürten Zustand einen schmalen Streifen des darunter getragenen Hemdes sichtbar. Wegen des fehlenden Übertritts sind die Knopflöcher eng an den Stoffrand gesetzt. Damit dieser nicht ausreißt, ist er meist durch eine schmale Einfassung aus demselben Material oder eine angewebte schmale Brettchenborte verstärkt.[59] Die Knöpfe sind sowohl beim Steppwams des Grafen von Blois als auch bei den englischen Bodenfunden direkt auf die Stoffkante aufgenäht, so daß sie weniger nach oben stehen als vielmehr zur Seite liegen.

Was die Anbringung der Knopf- bzw. Nestellöcher an einem Wams mit mehr oder weniger dicker Polsterung betrifft, so ist ein Detail erwähnenswert, das Harmand bei seiner Untersuchung des *pourpoint* von Charles VI. aus der Kathedrale von Chartres entdeckt hat und welches dem normalen Betrachter entgeht, da es von außen unsichtbar ist. Da die Polsterung im Brustbereich zu dick ist, um die Anbringung von Knopflöchern zuzulassen, ist entlang der vorderen Öffnung der Deckstoff nicht mit der Polsterung vernäht. Stattdessen ist an deren Vorderkante ein Stoffstreifen angenäht, der am äußeren Rand mit der Außenschicht des Wamses vernäht ist und so als Doppelung der Knopflochleiste dient, wodurch diese ausreichend stabilisiert wird. Beide noch erhaltenen französischen Wämser weisen auf der Vorderseite zwei unterschiedliche Knopfarten auf. Der jeweils oberste Knopf ist flach; es folgt eine Reihe von 15 bzw. 11 halbkugeligen Knöpfen, die bis zur Taille reicht, während die 16 bzw. 15 unterhalb der Taille wieder flach sind. Der genaue Grund hierfür ist unbekannt. Man kann lediglich vermuten, daß flache Knöpfe beim Sitzen und vor allem beim Reiten weniger störend waren als runde.

Neben dem „einfachen" vierteiligen Wams existierte seit ca. 1360 ein Modell, welches man in Frankreich *pourpoint à grandes assiettes* nannte, ein Ausdruck, der sich auf die übergroßen Ärmellöcher und den dadurch bedingten Zuschnitt der Oberärmel bezieht, welcher die Schulterblätter und die halbe Brust bedeckt. Das berühmte Wams des Grafen Charles de Blois im Seidenmuseum von Lyon weist diesen extrem aufwendigen und komplizierten Schnitt auf (vgl. s/w-Tafel III). Harmand, der dieses Gewand anscheinend hat nachschneidern lassen, behauptet, daß die Paßform mit keinem anderen Schnitt zu erreichen ist, was nicht zu widerlegen ist, solange kein anderer sein Experiment nachvollzieht. Hingegen ist Harmands These, die Mode der Spätgotik kenne keinen aus zwei Längsteilen geschnittenen engen Ärmel ähnlich unserem modernen Jackenärmel, sondern nur einen, der in Höhe des Ellenbogens quergeteilt sei wie beim o. g. Wams, ein unzulässiger Analogieschluß, da es bei einem normal geschnittenen engen Ärmel für ein *pourpoint à quatre quartiers* keine schnittechnisch bedingte Notwendigkeit gibt, diesen quer zu teilen, um die gewünschte Krümmung zu erzielen.

Ein nicht gepolstertes Wams bestand aus mindestens zwei Lagen (daher auch die frz./engl. Bezeichnung *doublet*) Leinen, Baumwolle oder *sarock*.[60] Dabei handelte es sich meist um sogenannte Unterwämser. Bei gepolsterten Exemplaren waren es drei Stoffschichten: zwei Schichten, zwischen denen die Polsterung lag, und eine Deckschicht aus besserem Stoff (Wolltuch, Seidendamast, Brokat) oder Leder. Die Wattierung konnte aus unverarbeiteter Baumwolle, Wolle und sogar

Erläuterungen zu Tafel III

1 Pourpoint/Wams zu 4 Vierteln, ca. 1350

a rechtes Vorderteil

b linkes Vorderteil mit Knopflochverstärkung

c linkes Rückenteil

d zweiteiliger Ärmel

e Polsterung des linken Vorderteils

2 Schnittmuster des Pourpoint von Charles de Blois, vor 1364, „à grandes assiettes" (s. Foto Seite 29)

a linkes Vorderteil

b oberes Rückenteil

c unteres Rückenteil

d Oberärmel, siebenteilig

e Unterärmel, dreiteilig

TAFEL III

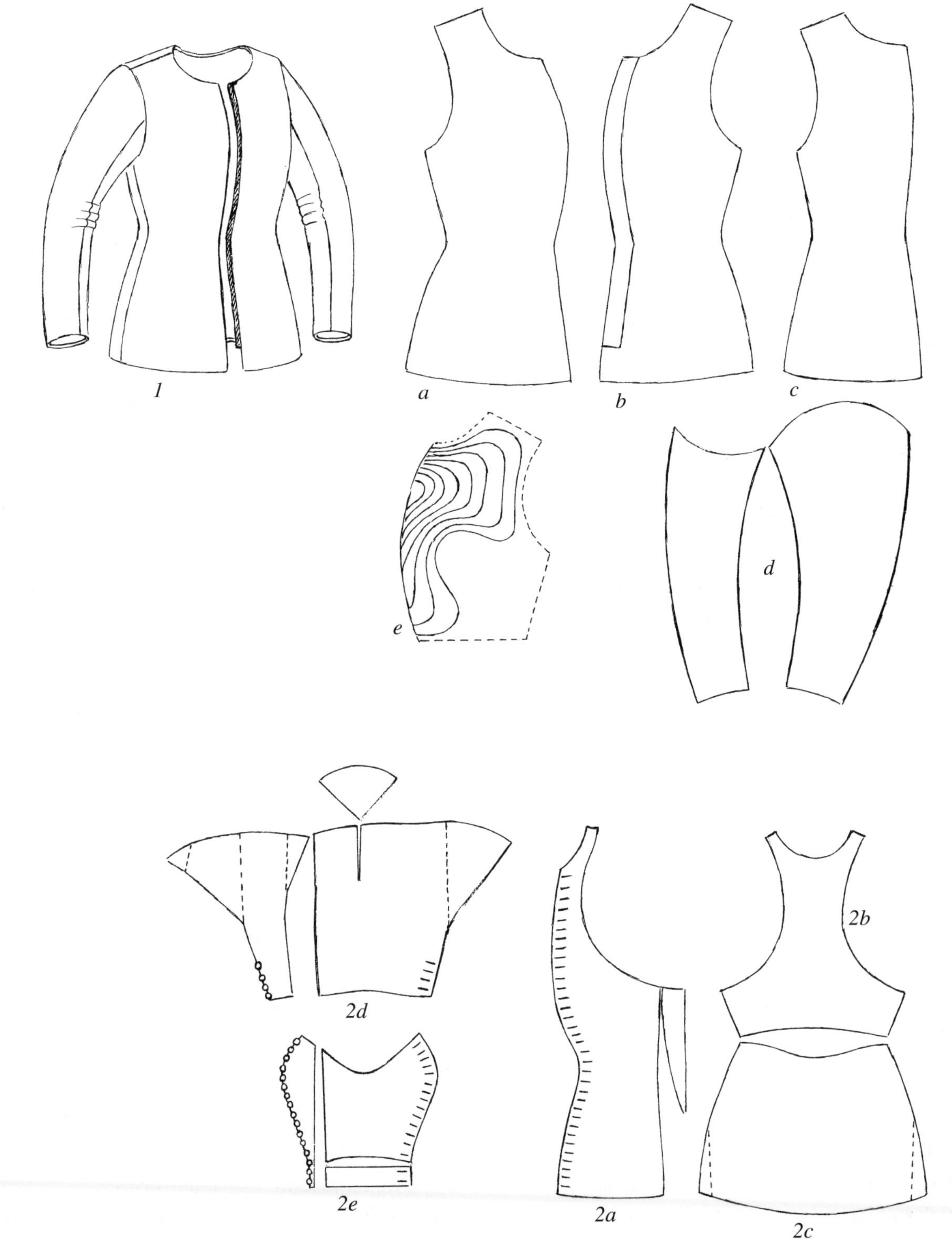

Seide oder aus gebrauchtem Stoff bestehen und war auf jeden Fall mit den beiden unmittelbar angrenzenden Stoffschichten durch Steppnähte verbunden, so daß das Polstermaterial nicht verrutschen konnte. Im Gegensatz zum mit Wolle, Baumwolle oder Rohseide wattierten Wams (frz. *gambéson/hauqueton/pourpoint*) wurden bei einer Jacke (frz. *jaque*) ursprünglich bis zu acht Lagen Leinen (später auch mehr) verarbeitet, welche dieses Kleidungsstück sehr stabil und damit für den militärischen Gebrauch als alleinige Schutzkleidung geeignet machten.[61] Die Polsterung war im Bereich des Oberkörpers und der Arme stets dicker als in den Wamsschößen. Bei zivilen Wämsern war oft nur die Brust gepolstert, um die gewünschte Kugelbrust zu erreichen (vgl. s/w-Tafel III, Abb. 1e).

Bei der Neuanfertigung durfte für die beiden äußeren Lagen bei Wams und Jacke nur neues Material verwendet werden. Um einer Täuschung des Käufers vorzubeugen, schreibt ein Statut der Pariser Gewandschneider von 1323 vor, daß am Halsausschnitt eines jeden neuen Wamses Stoffproben von allen Einlagen angeheftet werden müssen.[62] Die verschiedenen Einlagen wurden gegen Verrutschen durch Steppnähte gesichert, die meist in Längsrichtung verliefen, obwohl es auch rauten- und zickzackförmige Absteppungen gab. Die Ärmel sind meist der Länge nach gesteppt. Ab ca. 1360 kommt dann die waagerechte bzw. (im Schulterbereich) halbrunde Absteppung hinzu, entweder ausschließlich oder in Kombination mit anderen Stepparten: So zeigt ein Wandteppich aus der 2. Hälfte des 14. Jahrhunderts ein Steppwams, dessen Ärmel und Oberteil senkrecht und dessen Schurzteil waagerecht gesteppt ist.[64] Bei den beiden noch erhaltenen französischen Exemplaren aus dieser Zeit liegen die Steppnähte in einem Parallelabstand von jeweils 35 mm, anscheinend der Standardabstand, wenn man zum Vergleich die zeitgenössischen Darstellungen heranzieht. Das zivile Wams und das über der Rüstung getragene wurden im 14. Jahrhundert meist geknöpft, während ihr unter der Rüstung getragenes Gegenstück geschnürt oder genestelt wurde, um Druckstellen durch Knöpfe zu vermeiden.

Versuchen wir nun, die Unterschiede zwischen Wams (engl./frz. *doublet/pourpoint*) und Schecke, Schoppe, Joppe (frz./engl. *jaque/jupel/jupon/gippon*) herauszuarbeiten und erklären zuerst einmal die beiden wichtigsten Unterscheidungsmerkmale: Vor allem konnte ersteres sowohl Untergewand als auch Obergewand sein, während letzteres immer ein Obergewand war. Sodann bezeichnet ersteres meist eine gepolsterte und abgesteppte, letzeres aber nur eine gefütterte Jacke, die eventuell in der Brustpartie ausgepolstert war. Die deutsche Schecke darf daher nicht mit der ursprünglichen französischen *jaque* verwechselt werden, obwohl sich die Bezeichnung davon ableitet; sie ist nämlich kein militärisches, sondern ein ziviles Kleidungsstück, nicht mit acht Stofflagen gepolstert, sondern lediglich gefüttert, wobei sowohl Stoff als auch Pelz vorkommt.

Wenn wir uns nun das Wams des 14. Jahrhunderts näher ansehen, ergibt sich eine weitere Frage: Woran erkennt man, ob ein Wams darunter oder darüber getragen wurde? Wichtige Indizien sind Stoffqualität und Verschlußart.

1. Der Stoff: Für ein Wams, welches unsichtbar unter der Rüstung oder der Schecke getragen wurde, genügte ein einfacher, naturfarbener oder einfarbiger Leinenstoff. Hingegen wurde für die Außenseite eines Wamses, welches man anstatt einer Schecke direkt auf dem Unterhemd oder über der Rüstung anlegte, oft ein prächtig gemusterter Damast- oder Brokatstoff verwendet, so zum Beispiel für den berühmten Pourpoint des Grafen von Blois (gefallen 1364) im Lyoner Seidenmuseum.

2. Die Verschlußart: Bei einem Wams, welches unter der Rüstung getragen wurde, verbot sich generell der Einsatz von Knöpfen, da dies zu unangenehmen Druckstellen geführt hätte. Ebenso wäre bei einem Wams, wie es um 1340 unter dem verkürzten, durchgehend geknöpften Surcot getragen wurde, eine weitere Knopfreihe direkt unter der äußeren höchst unpraktisch gewesen. Da die Wamsärmel aber wegen der speziellen Form der Surcotärmel (s. Tafel A) unterhalb der Ellenbogen sichtbar blieben, waren hier durchgehende Reihen kleiner Kugelknöpfe anzutreffen. Über der Rüstung getragene Wämser konnten sowohl geknöpft (das Wams des französischen Dauphins Charles [VI.] in Chartres) als auch geschnürt (das wappenbestickte Wams des Schwarzen Prinzen in Canterbury) sein, da Knöpfe hier nicht störten.

Ein weiteres, von außen nicht sichtbares Indiz hängt mit der neuen Befestigungsart der Beinlinge zusammen, die um die Mitte des 14. Jahrhunderts aufkommt. Traditionell wurden die Beinlinge in der ersten Hälfte des 14. Jahrhunderts noch mit einem Riemen oder einem Zipfel am Unterhosengürtel festgebunden. Diese Befestigungsart hat nur den (empirisch bewiesenen) Nachteil, daß infolge der begrenzten Dehnbarkeit des Beinlingstoffes beim Gehen und vor allem beim Bücken Zug auf den Unterhosengürtel ausgeübt wird, was dazu führt, daß einerseits die Unterhose rutscht und andererseits der Beinlingstoff unerwünschte Querfalten bildet, was unter den langen Gewändern des 12. und 13. Jahrhunderts nicht weiter störte. Je kürzer aber die Oberbekleidung im Laufe der ersten Hälfte des 14. Jahrhunderts wurde, desto mehr rückten die Beinlinge ins Blickfeld. Eine neue Art der Befestigung wurde damit für den modebewußten Herren von Stand unumgänglich. Die früher nur bis zum Oberschenkel reichenden Beinlinge wurden deshalb bis zur Hüfte verlängert, mit je sechs paarig angeordneten Löchern (vorne, hinten, an der Seite) versehen und mittels auf der Innenseite der Wamsschöße festgenähter, zweiendiger Nesteln am Wams festgebunden (Tafel B, Fig. 2 und Abb. 7 - 8). Für Deutschland sind diese neuen Beinlinge durch die Limburger Chronik für das Jahr 1362 nachgewiesen: *Item ga ging auch an, daz di manne sich hinden, vornen unde beneben sich zu nestelden unde gingen hart gespannet.*[65] Da das Wams nicht nach unten rutschen konnte, waren somit die Beinlinge gegen ein Herabrutschen gesichert.[66] Das bereits mehrfach erwähnte Steppwams des Grafen von Blois weist auf der Innenseite noch die Reste dieser Nesteln auf, womit bewiesen ist, daß dieses Kleidungsstück die Funktionen von Schecke (= Oberbekleidung) und Wams (= Beinlinghalter) in sich vereint.

Man kann daher auch nicht behaupten, daß von Anfang an die Schecke grundsätzlich länger als das Wams war.[67] Sie war es nur dann, wenn darunter ein Wams getragen wurde. In diesen Fällen war das Wams auch zum Teil erheblich kürzer, da es als reines Untergewand selbst beim Bücken unter der Schecke nicht sichtbar werden durfte. Ein solches, unter einem zivilen Pourpoint oder einer Schecke getragenes Unter-Wams war in der Regel nicht gepolstert, sondern bestand lediglich aus zwei Lagen Leinen- oder Baumwollstoff.

Die gewöhnliche Schecke des einfachen Bürgers und kleinen Adligen bestand natürlich nicht aus Seide, Samt, Damast oder Brokat, sondern aus einem meist einfarbigen Wollstoff, der mit Leinen gefüttert war. Gelegentlich, vor allem im militärischen oder paramilitärischen Bereich, kam die Schecke auch in mi-parti vor, d. h. der Länge nach in zwei verschiedenfarbige Hälften geteilt. Bei einer gepolsterten Jacke aus Wolltuch mußten die Steppnähte nicht unbedingt auch von außen sichtbar sein. Harmand präsentiert ein Muster, bei dem lediglich die zwischen zwei Leinenschichten liegende Polsterung abgesteppt und das ganze so entstandene Innenwams nur an den Rändern mit dem äußeren Wollstoff vernäht ist.

Bürgerliches Ehepaar um 1370
Grabmal im Frankfurter Dom

Männermäntel

Die meisten Stücke der Überbekleidung stammen noch aus der vorangegangenen Epoche und werden in identischer oder leicht abgeänderter Form auch weiterhin getragen. So bleibt der alte halbkreisförmige, bodenlange Tasselmantel als Zeremonialgewand erhalten. In der Regel wird dieser Umhang allerdings nicht mehr durch eine Tasselschnur gehalten, sondern auf der rechten Schulter durch eine kurze Reihe von zwei bis fünf Knöpfen geschlossen. Erweitert zum 3/4- oder Vollkreis ergibt dies die Heuke, die auf der Schulter mit bis zu acht Knöpfen versehen ist (vgl. s/w-Tafel IV). Laut der Limburger Chronik gab es auch Heuken, die bis zu den Füßen durchgehend geknöpft waren. Ein solcher Mantel müßte aus praktischen Gründen auf jeden Fall Schlitze zum Durchstecken der Arme gehabt haben. Die Ränder des halbkreisförmigen Mantels sind bisweilen gezaddelt.

Wildhüter mit Garnache, ca. 1335 nach dem Luttrell-Psalter

Als Sonderform der Heuke erscheint ab ca. 1350 die Glocke (frz. *cloche*), die in unterschiedlichen Längen vorkommt. Sie ist etwas enger und wird nicht geknöpft, sondern vorne vom Kopfloch mindestens bis zum Brustbein zusammengenäht. Außerdem hat sie eine angenähte Kapuze, meist mit kurzem Zipfel, und erinnert damit an den römischen Soldatenmantel (lat. *paenula*). Eine Abart der Glocke ist an den Seiten vom Saum her bis ungefähr in Ellenbogenhöhe geschlitzt und weist statt der Kapuze einen breiten Schulterkragen auf.

Weiterhin sind in Gebrauch: das *gardecorps* genannte Übergewand mit Kapuze, dessen Ärmel gegenüber der Darstellung in Band 1 abgeändert sind (vgl. Abb. S. 36). Der Schnitt des Corset (frz. *corset*) ist nach den schriftlichen Quellen nicht eindeutig zu bestimmen. Vavra definiert ihn als „mantelartiges, zumeist rund geschnittenes Oberkleid", welches zumindest seit dem 14. Jahrhundert auch geknöpft ist und bisweilen auch Ärmel unterschiedlicher Länge aufweisen kann.[68] Die Va-

Erläuterungen zu TAFEL IV

1 Heuke

2 Mann mit Heuke und Schecke, nach Hottenroth (vgl. Foto auf S. 33)

3 Glocke aus einem 3/4-Kreis

TAFEL IV

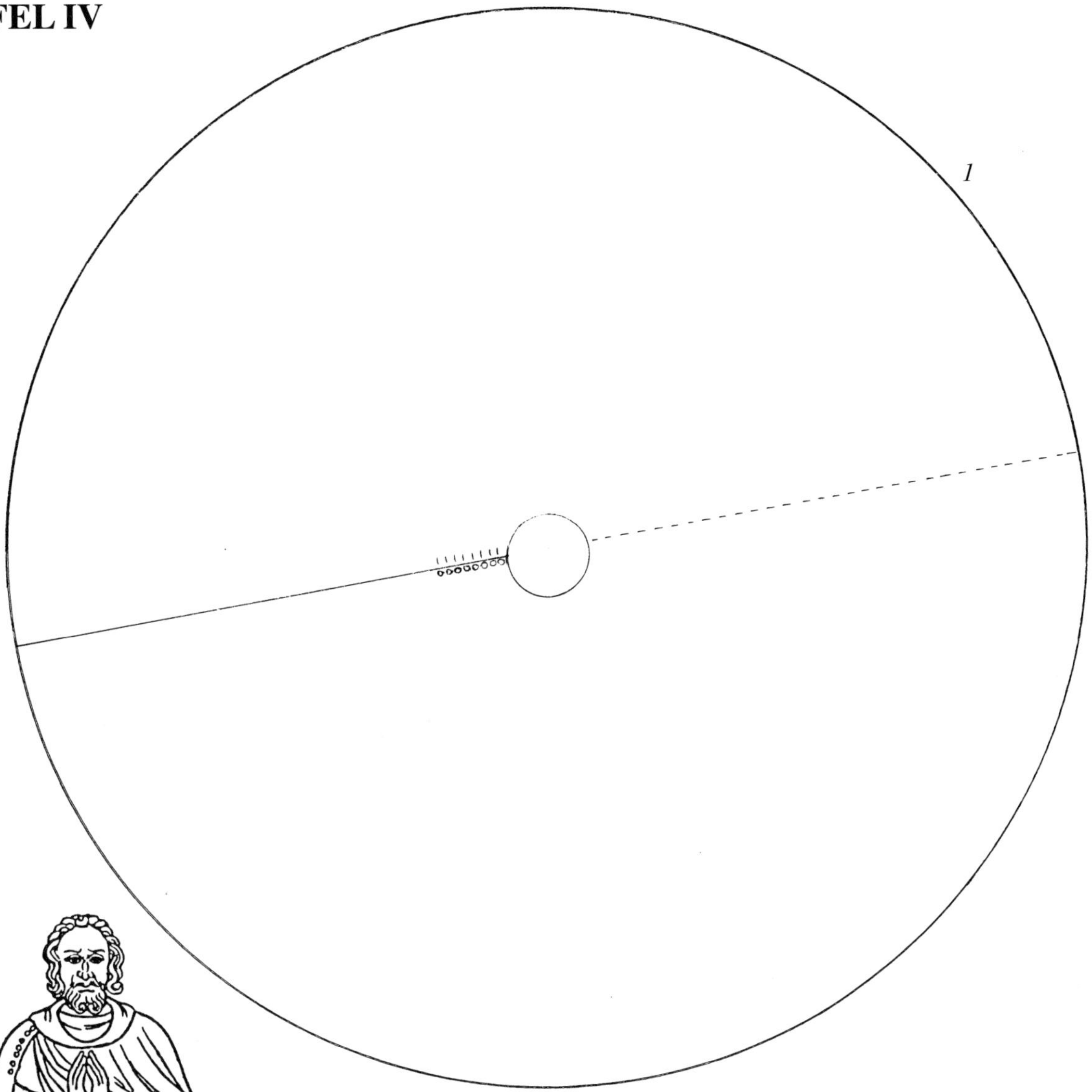

1

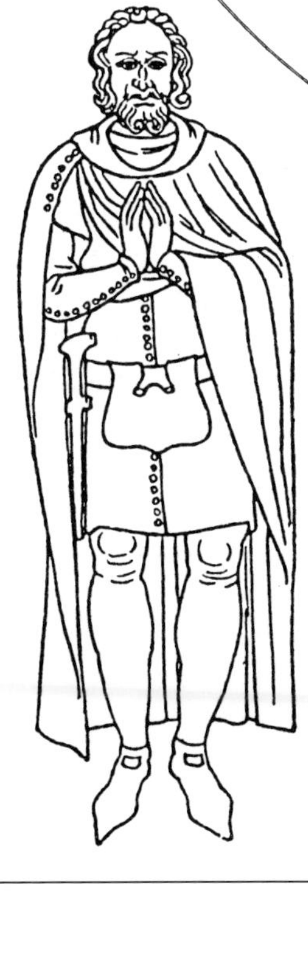

2

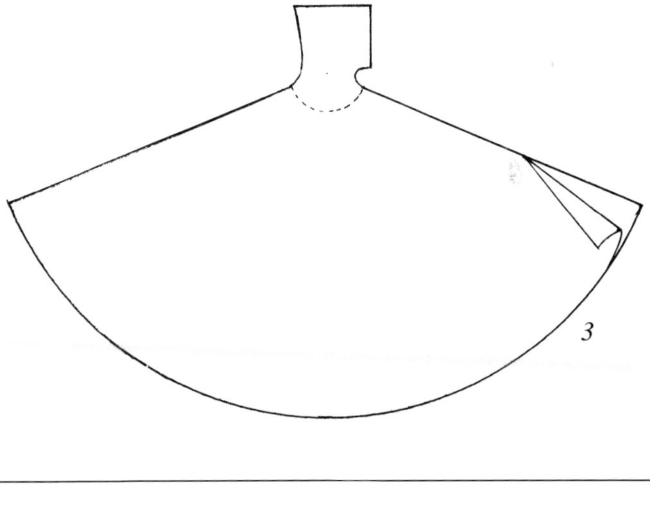

3

riante mit Ärmeln wäre damit so etwas wie eine Gardecorps ohne Kapuze. Außerdem gibt es noch die verschiedenen Arten von überwurfähnlichen Mänteln mit angeschnittenen Scheinärmeln: *gonne/gonelle*, *garnache* und *esclavine,* sowie solche ohne Ärmel: *hérigaut/houce/housse*.[69] Die Garnache weist zuweilen bereits Anfang des 14. Jahrhunderts an der Halsöffnung zwei umgeschlagene reversähnliche Lätzchen auf, ein Detail, welches sich in der 2. Hälfte des Jahrhunderts allgemein durchgesetzt hat. Ansonsten ist ihre Form unverändert. Die mit Hermelin gefütterte und mit goldenen Lilien bestickte blaue Garnache erscheint im 14. Jahrhundert als das bevorzugte Zeremonialgewand der französischen Könige und ersetzt die ältere Pelisse (vgl. Abb.). Mit *hérigaut* bezeichnete man wahrscheinlich jenes mantelartige Kleidungsstück, welches durch einen dreifach abgestuften Schulterkragen charakterisiert ist.[70] Die Esclavine ist ein kittelartiges Übergewand von ähnlichem

Gardecorps: Konstruktion der Ärmelfalten

Französischer König mit Garnache Viollet le Duc

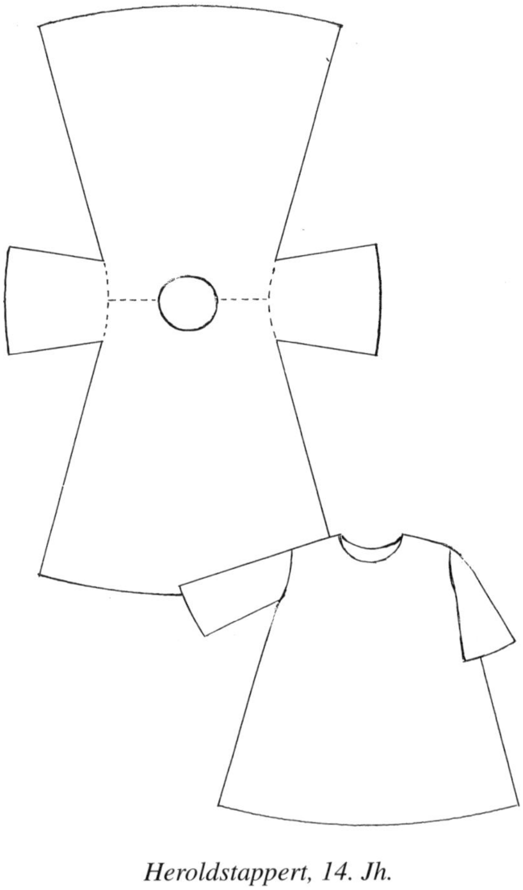

Heroldstappert, 14. Jh.

Schnitt wie die Garnache, welches vorwiegend als Pilger- und Leprosengewand getragen wurde.[71] Im Unterschied zur Garnache besteht sie aus ungefüttertem groben Wolltuch. Der Tappert (frz. *tabard*) ist eine Abart der Housse und kommt in verschiedenen Varianten vor: lang oder kurz, mit oder ohne Scheinärmel, als ziviles Prunkgewand aus pelzverbrämtem Brokat und als Wappen- bzw. Heroldsrock mit angeschnittenen oder angesetzten Scheinärmeln (vgl. Abb. S. 36).

Erläuterungen zu TAFEL V

1	Garnache ca. 1320 - 1370
1 a	Variante mit Stehkragen, vor 1324
1 b	Variante mit runden Lätzen, ca. 1330 - 1380
2	Hérigaut, ca. 1320 - 1360
3	langer Beinling, ca. 1350
3 a	Fußteil
3 b	Ledersohle
3 c	Fersenverstärkung
4	offener Halbschuh, ca. 1360 - 1390
5	knöchellanger Schnürstiefel, ca.1360 - 1390

TAFEL V

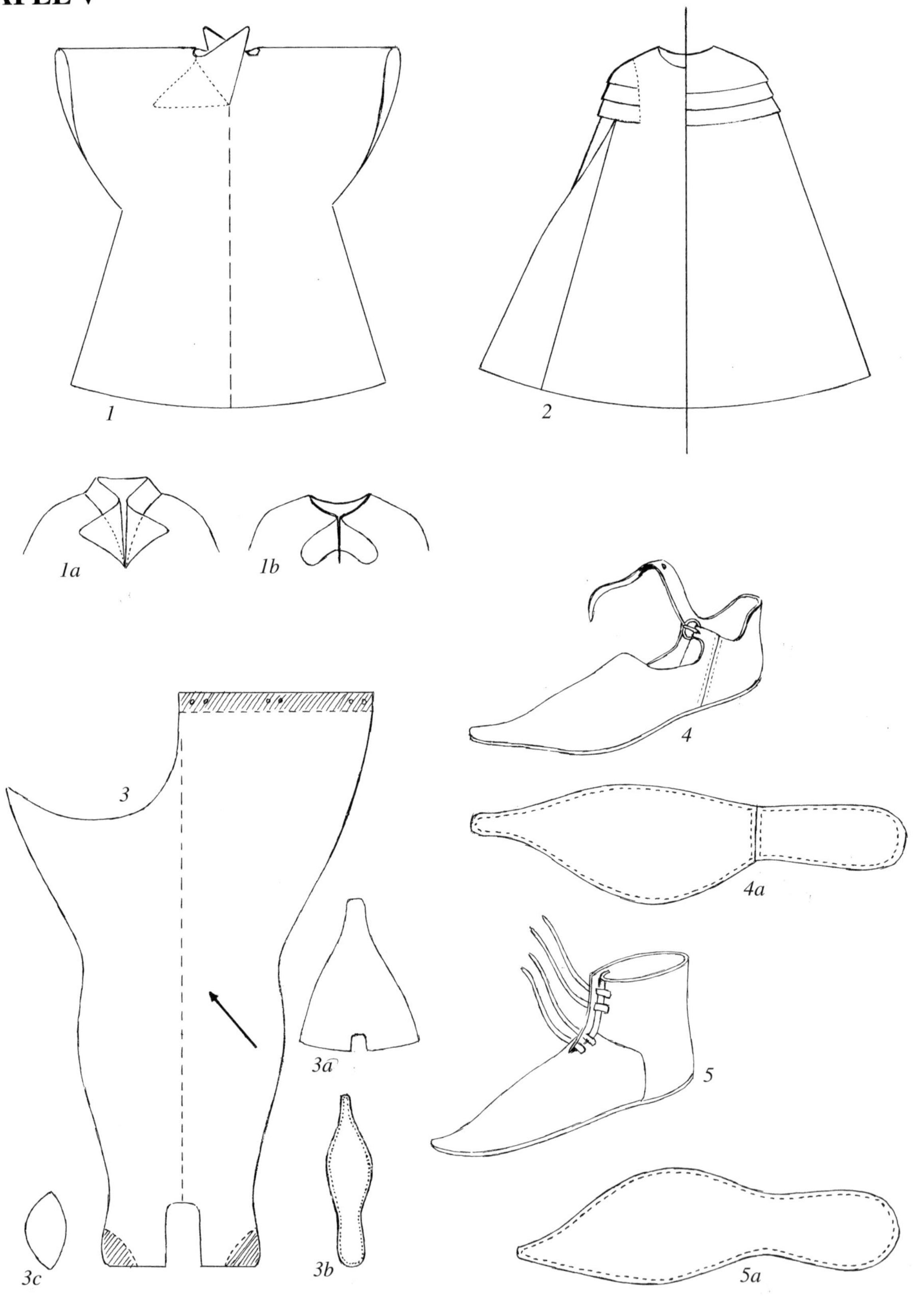

Die männlichen Kopfbedeckungen, Haar- und Barttracht

Während man bis ca. 1310 anscheinend fast nie ohne Kopfbedeckung vor die Tür ging – man denke an die Miniaturen des Grundstockmalers der Manessischen Liederhandschrift – war es ab ca. 1320 bis zum Ende des Jahrhunderts allgemein üblich, bei schönem Wetter barhäuptig zu gehen. Selbst die weißleinerne Bundhaube als Minimalkopfbedeckung kommt bei den oberen Schichten der Bevölkerung fast ganz außer Gebrauch und ist meist nur noch auf Darstellungen von Bauern und Bettlern zu sehen. Auf Reisen und auf der Jagd war nach wie vor der hohe kegelstumpfförmige Filzhut mit hinten aufgeschlagener Krempe beliebt, der in einer niedrigeren Variante auch von Bauern getragen wurde (vgl. Abb.). Diese wurde nach vorn zu einer Spitze ausgezogen, was dem Hut in Frankreich den Beinamen *chapel a bec* (= Hut mit Schnabel) eintrug (Tafel A, Abb. 9). Bisweilen erscheint das Kopfteil mit Pfauenfedern belegt.

Zur langen zeremoniellen Tracht wurde noch im 1. Drittel des 14. Jahrhunderts ein Stoffhut mit

Bauer aus dem Luttrell-Psalter

Umschlag getragen, der dem vom 13. Jahrhundert her bekannten nicht unähnlich war. Der Umschlag war allerdings nicht mehr generell mit Feh oder einem anderen Pelz, sondern oft auch mit einem farbig kontrastierendem (Seiden-) Stoff überzogen. Bei Angehörigen des Hochadels war der ebenfalls schon vorgestellte Fürstenhut auch weiterhin üblich.[72]

Zu den Kopfbedeckungen zählt ebenfalls die Gugel, die allerdings seit ca. 1320 nur selten mit aufgezogener Kapuze getragen wurde. In der Regel hing das Kopfteil auf den Rücken herab. Auf den zeitgenössischen Abbildungen bis ca. 1335 bleibt der breite Schulterkragen meist unter dem Übergewand verborgen, und man erkennt lediglich an der unterschiedlichen Farbe, daß es sich um eine separate Gugel und nicht um eine angenähte Kapuze handelt. Im Zuge der Verengung des männlichen Obergewandes ab 1335 trat auch der Schulterkragen der Gugel wieder nach außen. Er erscheint nun breiter als im 13. Jahrhundert und am unteren Rand in vielfältiger Form gezackt oder gezaddelt (vgl. Tafel A, Fig. 6 a und Tafel B, Fig. 2). Auch der Kapuzenzipfel wurde immer länger, so daß er gegen Ende des Betrachtungszeitraumes bis über das Gesäß, zum Teil sogar bis auf den Boden reichte.

Um 1360 übernehmen die Männer von den Frauen (bei denen dies anscheinend schon früher üblich war) die Sitte, ihre Gugeln auf der Vorderseite mit einem Knopfverschluß zu versehen. *Unde dy junge menner drugen alle meistlichen gekneuffte kogeln als dy frauwen, unde dy kogeln werten by drißig jar, da vurgingen sy.*[73] Bis ca. 1380 bleibt die angezogene, nach hinten zurückgeschlagene Gugel mit ihrem breiten dekorativen Kragen unverzichtbares Teil der modischen Männerbekleidung. Sie hat damit für die Männermode des 14. Jahrhunderts einen höheren Stellenwert als im 13. Jahrhundert, wo sie noch primär als Wetterschutz diente. Die in West-, Mittel- und Nordeuropa fast ständig getragene Gugel, die den Hals weitgehend verdeckte und auch warm hielt, verhinderte auch, daß sich an der männlichen Zivil-

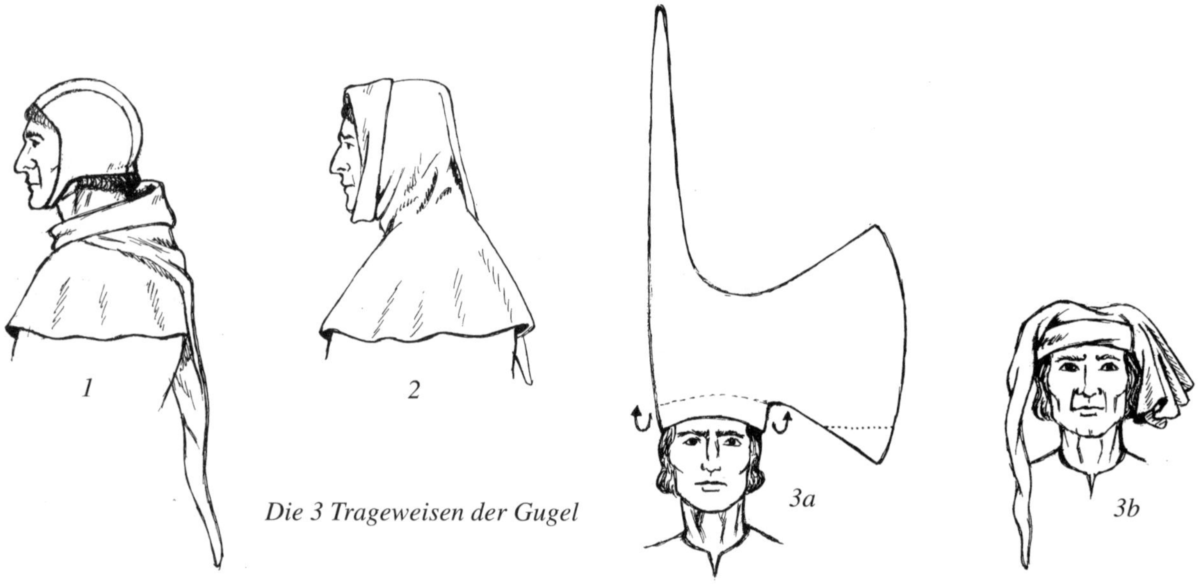

Die 3 Trageweisen der Gugel

kleidung der beim militärischen Steppwams schon länger übliche Stehkragen durchsetzen konnte. In Italien hingegen, wo die Gugel – wohl wegen des schöneren Wetters – meistens aufgerollt als turbanähnliche Kopfbedeckung getragen wurde, wird der Stehkragen an der Zivilkleidung schon um 1330 üblich. Die aufgerollte turbanähnliche Gugel, deren Pelzfutter als breite Kopfbinde erscheint, ist uns von den Abbildungen der Manessischen Liederhandschrift bestens bekannt.[74] In der deutschen und westeuropäischen Mode verschwindet diese Tragweise um 1320 und taucht erst um 1380 wieder auf, um dann sehr schnell die Umwandlung zu einem echten Turban durchzumachen, an dem nur noch die lang herabhängende Sendelbinde an den Zipfel der Gugel erinnert.

Bei den Frisuren bleibt man im ersten Drittel des Jahrhunderts bei der Gewohnheit, das Haar schulter- bis kinnlang, mit Pony und leicht gewellt oder gekräuselt zu tragen. Die Männer jüngeren und mittleren Alters gehen grundsätzlich glatt rasiert. Gestutzte Vollbärte sieht man, wenn überhaupt, dann auf Darstellungen älterer Männer. Ab ca. 1335 setzt sich, wahrscheinlich von Böhmen ausgehend, wo von dieser neuen Mode bereits 1329 die Rede ist, das Tragen von Schnurr- und Vollbärten auch bei jüngeren Männern durch. Möglicherweise hat der böhmische König Johann von Luxemburg (den man später „den Blinden" nannte), der bei vielen jungen Adligen im In- und Ausland große Popularität genoß, als Bartträger hierbei eine Vorbildrolle gespielt. Entsprechend der neuen Mode wird der Kinnbart entweder als Knebelbart oder zweispitzig getragen. Um die Mitte des Jahrhunderts trägt man das Haupthaar kinnlang, ab ca. 1370 nackenlang, die Ohren halb bedeckt oder frei. Hingegen bleibt die ältere Generation noch eine Zeitlang bei der längeren Haartracht.

Die männliche Unterbekleidung

Zur männlichen Unterbekleidung zählen Beinlinge (*hosen*), (Unter-) Hemd (*hemede*) und Unterhose (*bruoch/bruech/bruche*). Auf die Beinlinge und deren neue Befestigungsart wurde bereits im Zusammenhang mit dem Wams eingegangen. Die sog. runden Beinlinge (frz. *chausses rondes*), die lediglich oberschenkellang waren, verschwinden mit den langen Oberkleidern aus der modischen Bekleidung, werden aber vom einfachen Volk aus praktischen Gründen noch bis ins 15. Jahrhundert getragen. An ihre Stelle treten die bis zur Hüfte reichenden Beinlinge (Tafel B, Abb. 7 - 8), die zwecks besserer Spannung vorne, seitlich und hinten festgenestelt werden, allerdings im Schrittbereich die Unterhose unbedeckt lassen. Tilemann Elhen vermeldet diese Mode erst für das Jahr 1363.[75] Tatsächlich tritt sie aber bereits mit der Einführung der Schecke, d. h. rund 10 Jahre früher auf. Mit dem Kürzerwerden des Wamses bzw. der Schecke zwischen 1350 und 1355 stieg die Gefahr, daß man beim Sichbücken die Unterhose sehen ließ, was bei den Moralisten der Zeit entsprechende Entrüstung verursachte. So schreibt der Chronist von St. Denis zum Jahre 1370 über die „Unehrenhaftigkeit der Kleidung und diverser Anzüge: ... Röcke so kurz, daß sie ihnen nur bis zum Gesäß reichten, und wenn sie sich bückten ... ihre Unterhosen und das, was darunter war, denen zeigten, die hinter ihnen standen; und die so eng waren, daß sie Hilfe zum Anziehen benötigten, und beim Ausziehen es den Anschein hatte, als würde man sie häuten ... die anderen trugen Röcke, die waren an den Hüften gefältelt wie die der Frauen ... Gugeln die rundherum fein gezaddelt waren, und sie hatten einen Beinling von einer Farbe und den anderen von einer anderen; und die Zipfel ihrer Gugeln und ihre Ärmel reichten bis zur Erde."[76] Und der Chevalier de la Tour Landry, der seine Töchter über Sitte und Anstand belehrt, zitiert einen Prediger wie folgt: „Die Frauen mit ihren Hörnerfrisuren ... setzten Hörner den Männern auf, die so kurz gekleidet waren, daß sie ihren Hintern und ihre Unterhosen zeigten, und das, was ihnen vorn zur Beule wird, ist ihre Schande."[77] Dies führte dann im weiteren Verlauf zur Einführung der „geschwänzten" Beinlinge, bei denen die hinteren Zipfel so verlängert wurden, daß sie – im Schritt leicht überlappend – zumindest das Gesäß bedeckten. Der Schambereich blieb hingegen bis zur Annahme der im Schritt zusammengenähten Beinkleider und der Hinzufügung eines Schamlatzes nur von der Unterhose verborgen.

In der zweiten Hälfte des 14. Jahrhunderts führte die Mode der Schnabelschuhe auch dazu, daß die Fußteile der Beinlinge spitzer wurden, zumal dann, wenn man keine richtigen Schuhe, sondern lediglich angenähte Sohlen trug. Allgemein scheint das Tragen solch besohlter Beinlinge im 14. Jahrhundert üblicher gewesen zu sein als im 13.; denn es treten ab dieser Zeit – sowohl auf Abbildungen, als auch bei den Bodenfunden – vermehrt die Trippen genannten, hölzernen Überschuhe auf, die bei strapazierfähigerem Schuhwerk überflüssig sind.

Im Zuge der Verkürzung der Oberbekleidung wurde auch die Unterbekleidung knapper. Das Unterhemd, welches früher meist direkt oberhalb der Knie geendet hatte, reichte nun nur noch bis zur Mitte der Oberschenkel. Es verdeckte damit die Bruche, die man ebenfalls um eine bis zwei Handbreit gekürzt hatte. Die Unterhose erfuhr neben dieser Kürzung eine zweite wichtige Änderung: Mit der Aufgabe der kurzen, am Bruchgürtel mit je einem einzigen Riemen befestigten Beinlinge und der Annahme der langen, am Wams angenestelten wurde das Verrichten der Notdurft zu einem komplizierten und langwierigen Geschäft. Genügte es vorher, den Bruchgürtel zu öffnen und die Unterhose samt den daran hängenden Beinlingen herunterzulassen, so mußte man nun erst einmal die Nesteln lösen, welche die Beinlinge mit dem Wams verbanden. Erst danach konnte man die Unterhose herunterlassen. Um wenigstens das Urinieren zu erleichtern, erfand man deshalb den Hosenlatz. Dieser ist zwar auf keiner zeitgenössischen Abbildung, sondern erst auf solchen des 15. Jahrhunderts dargestellt, seine Erfindung zum damaligen Zeitpunkt liegt aber in der Logik der kostümgeschichtlichen Entwicklung.[78] Möglicherweise hat es aus demselben Grund bei den engen ledernen Reithosen, die in Quellen schon seit der 2. Hälfte des 13. Jahrhunderts auftauchen, schon früher eine Art Hosenlatz oder zumindest einen Eingriff gegeben.

Kleidungszubehör und Schuhe des Mannes

Zum Kleidungszubehör zählen bei den Männern nach wie vor Gürtel und Gürteltasche sowie die Knöpfe.[79] Hinzu kommt der nun auch zum zivilen Kostüm allgemein getragene Dolch mit je nach Vermögen mehr oder weniger aufwendig verziertem Griff und dekorativen Scheidenbeschlägen. Wichtigstes Zubehörstück bleibt der Gürtel, für den täglichen Gebrauch aus Leder oder Leinen mit Schnallen und Beschlägen aus Eisen, einer Kupferlegierung oder Zinn und in Luxusausführung aus Seide mit Schnallen und Beschlägen aus Silber und Gold. Goldene oder silbervergoldete Gürtelgarnituren gehören in der Spätgotik zum Pflichtrepertoire eines jeden Golschmieds. Jede dieser Gürtelgarnituren besteht in der Regel aus einer Schnalle mit Beschläg, einer Riemenzunge und einer Reihe von Zierbeschlägen. Mit „Beschläg" (n.) bezeichnet man das in der Mitte gefaltete Blech, durch welches die Schnalle mit dem Riemen verbunden wird. Häufigster Schnallentyp ist europaweit derjenige mit ovalem Rahmen, der an der Dornrast eine einzige Spitze aufweist. Gezahnte und genoppte Rahmen, die in der Hochgotik die Mehrheit darstellten, sind nur noch selten anzutreffen. Daneben gibt es zunehmend rechteckige, trapezförmige und kreisrunde Schnallen.

Bei den Männern wird der schmale Taillengürtel um die Jahrhundertmitte durch den breiten Hüftgürtel ersetzt. Bei sehr breiten Männergürteln (bis. ca. 7,5 cm) trifft man nun auch auf Schnallen mit Doppel- oder sogar Dreifachdorn.[80] Der in der Literatur fälschlich „Dupsing" genannte Hüftgürtel der 2. Jahrhunderthälfte hat oft keine Schnalle, sondern ein meist vierpaßförmiges Koppelschloß. Als typisches Standeszeichen ist der bis ca. 6 cm breite, auf der Hüfte getragene Rittergürtel vielfach mit großen, plastischen Gürtelbeschlägen verziert, die bisweilen das darunter liegende Leder völlig verdecken (vgl. Tafel B, Abb. 10). Diese Beschläge bestehen meist aus einer versilberten oder vergoldeten Kupferlegierung und zeigen oft in buntem Email das Wappen des Gürtelbesitzers, so z. B. diejenigen am Gürtel des Schwarzen Prinzen in der Kathedrale von Canterbury.

Der korrekt *dusing* genannte Gürtel ist ein vor allem in Deutschland im ausgehenden 14. Jahrhundert beliebtes Sondermodell, welcher mit vielen runden Schellen oder Glöckchen (mhd. *dusen*) behängt ist. Dieser Glockengürtel wird bisweilen zusätzlich zum Hüftgürtel getragen und sitzt dann in der Taille.

Die Riemenzungen des 14. Jahrhunderts sind meist aufwendiger in Herstellung und Dekor als die Vergleichsstücke des 13. Jahrhundets. Oft liegt zwischen Vorder- und Rückenblech ein gegossenes Zwischenstück, welches die Form einer Stimmgabel mit einem meist eichelförmigen Endknopf hat. Bei den Gürtelbeschlägen bringt das 14. Jahrhundert eine solche Typenvielfalt hervor, daß es unmöglich ist, alle im Bild vorzustellen. Die abgebildeten Exemplare zeigen, daß sie zum Teil bedeutend aufwendiger gestaltet sind als die älteren Modelle. Die Mehrheit der Bodenfunde sind aus Eisen- und Bronzeblech geschnittene oder gestanzte runde Scheiben und Rosetten. Eiserne Beschläge werden verzinnt, damit sie nicht rosten.

Männer- und Frauengürtel unterscheiden sich – abgesehen von schmalen Prunkgürteln wie dem sogenannten Zähringergürtel – weniger durch den Dekor als vielmehr durch die Riemenbreite und Schnallengröße. Frauengürtel sind fast immer schmaler als Männergürtel. Im Vergleich zu den Gürteln des 13. Jahrhunderts ist eine Tendenz zur Verschmälerung auch bei den Männergürteln feststellbar. Diese sind nun nur noch selten breiter als 2,2 cm und nähern sich damit in den Abmessungen den Frauengürteln. Die von Fingerlin für das 14. Jahrhundert festgestellte „Nivellierung von Männer- und Frauengürteln" ist allerdings nicht so absolut, wie von ihr behauptet.[81] Zumindest gibt es unter den Londoner Schnallen- und Gürtelbeschlagfunden eine ganze Reihe, die von 2,5 - 3 cm breiten Gürteln stammen. Schnallen und Beschläge mit einer Breite bzw. Durchmesser von mehr als 4 cm dürften allerdings in der Regel zu Schwert- und Hüftgürteln gehört haben, wobei auch hier Ausnahmen vorkommen.

Die lederne Gürteltasche gehört im 14. Jahrhundert unbedingt zur Männerbekleidung dazu. Die formalen Unterschiede zu älteren Modellen bleiben marginal. Die faltenbalgartige Hängetasche, „Almosenbeutel" genannt, verschwindet ganz.

Männer und Frauen tragen ganz ähnliche Schuhe,[82] abgesehen von den hohen Reiterstiefeln, in deutschen Texten *ledersen* oder *lersen* genannt, die den Männern vorbehalten sind. Diese ledernen

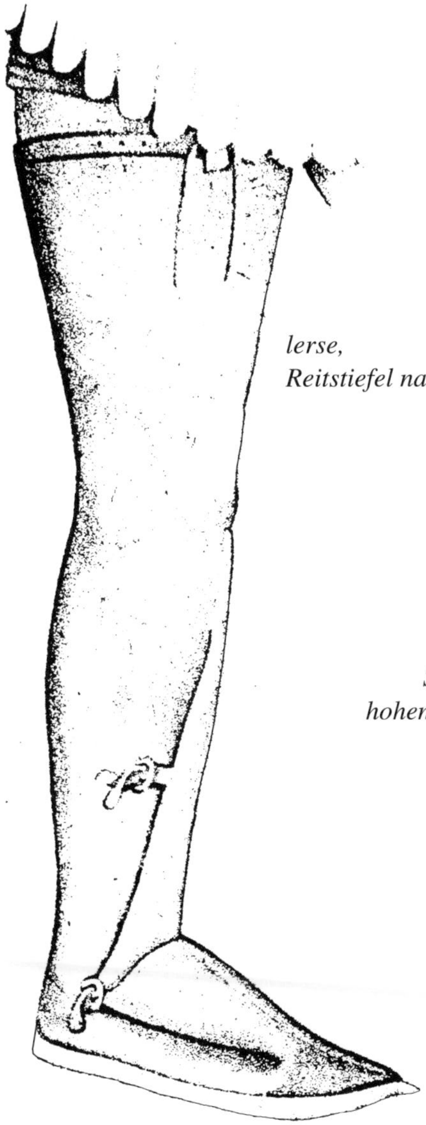

lerse,
Reitstiefel nach Harmand

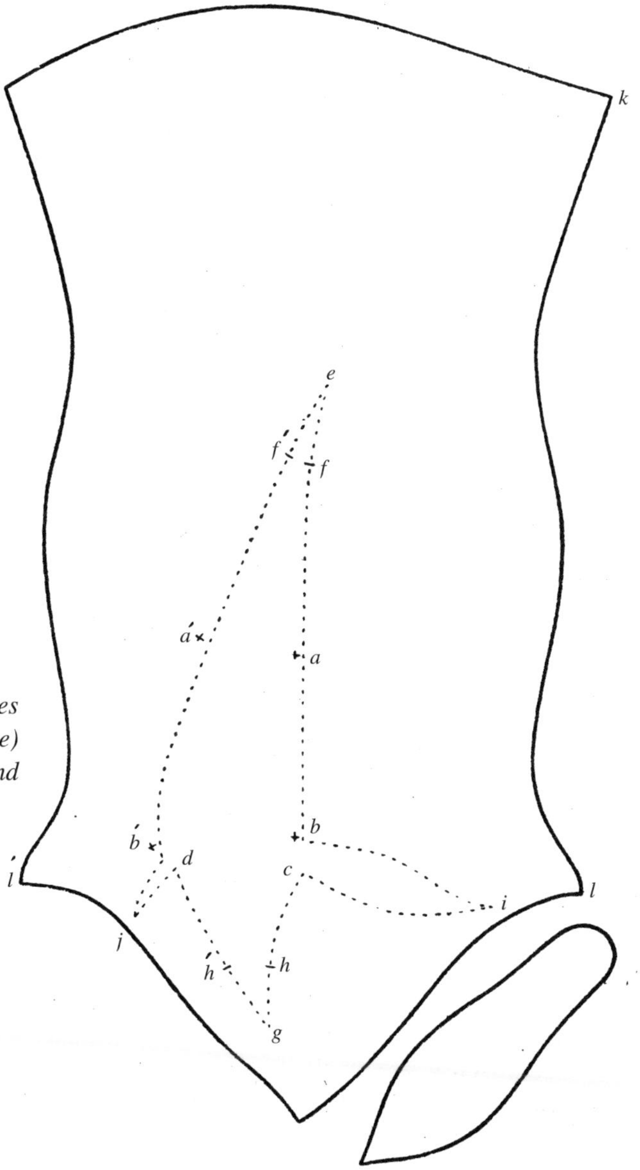

Schnittmuster eines
hohen Reitstiefels (lerse)
nach Harmand

Beinlinge werden mit mindestens zwei Schnallen oder mit einer dichten Reihe von Haken so festgezurrt, daß sie sich eng an das Bein anschmiegen. So steht in der Limburger Chronik: ... *unde diese engen langen lersen gingen ane mit langen snebeln. Dy selben lersen hatten krappen, eynen krappen by dem andern von der großen zehen an bit oben uß unde hinden uffgeneselt halben in sinen rucken.*[83]

Bei den Schnabelschuhen der Herren, deren Zeit um 1355 anbricht, werden die Spitzen im Laufe des Jahrhunderts immer länger, so daß schließlich durch Kleiderordnungen den ärgsten Exzessen ein Riegel vorgeschoben werden muß.

Die hölzernen Unterschuhe, Trippen genannt, sind nun häufiger anzutreffen. Ihre Form, im späten 13. Jahrhundert eher stumpf, paßt sich den Schnabelschuhen an.

DIE KLEIDUNG DER FRAU 1320 - 1370

Die Entdeckung des Dekolletés

Betrachtet man die zeitgenössischen Darstellungen, so erscheint im Vergleich zur Vielfältigkeit und zum schnellen Wandel der männlichen Kleidung die der Frau im gleichen Zeitraum eher bescheiden. Post führt dies vor allem auf die gesellschaftliche Stellung der Frau im Mittelalter und die ihr auferlegte Zurückhaltung beim äußerlichen Erscheinungsbild und beim Auftreten in der Öffentlichkeit zurück. Außerdem hätten die großen „Trachtenumwälzungen" im 14. Jahrhundert „aus kleidtechnischen Gründen naturgemäß an der männlichen Kleidung geeignetere Ausdrucksmittel (gefunden) als bei der Frau."[84] Da eine auch nur partielle Entblößung der unteren Gliedmaßen für eine „anständige" Frau undenkbar war,[85] entschädigte man sich durch eine Vergrößerung des Kopfloches, welches zum Dekolleté mutierte. Trotzdem gibt es auch in der Damenmode einige Umwälzungen, die nicht nur einen „Widerhall" der gleichzeitigen Veränderungen in der Männermode darstellen sondern eine eigenständige Entwicklung, die eher auf den übergeordneten Aspekt eines veränderten Körpergefühls zurückzuführen ist.

Cotte und Surcot

Die Kleidung der Frau besteht im 14. Jahrhundert noch aus einer Kombination von Cotte und Surcot; die Limburger Chronik spricht bezeichnenderweise von *parkleidern*. Allerdings kann die Cotte auch ohne Surcot getragen werden, wie zahlreiche Abbildungen beweisen. Am Anfang des Betrachtungszeitraumes ist die **Cotte** noch ein in weiten Falten fallendes, allenfalls leicht tailliertes Schlupfgewand mit mäßig weitem Kopf- oder Halsloch und langen Ärmeln, die den Unterarm eng umschließen und mit einer langen Reihe eng stehender, kleiner Knöpfe verschlossen werden. In den folgenden 30 Jahren wird die Cotte enger und der Halsausschnitt immer größer (Tafel C, Fig. 1). Um 1350 ist dieser dann schließlich so weit, *daz man ihre broste bynach halbe sach.*[86] Dementsprechend wird im spätgotischen Sprachgebrauch aus dem *houbetluoc* (= Kopfloch) oder *heubtfinster* das *buosemluoc* (= Busenloch).[87] Die gleiche Unbefangenheit oder Kühnheit (frz. *hardiesse*) in der Hervorhebung körperlicher Vorzüge drückt sich auch in einem immer engeren Zuschnitt der Cotte aus, weshalb man dieses Gewand im Französischen als *cotardie* bezeichnet (Tafel D, Fig. 1 und Abb. 3).

Die weibliche **Cotardie** existiert um 1340 in zwei vom Schnitt her fast identischen Versionen: eine mit langen und eine mit kurzen Ärmeln. Auf Abbildungen sind sie leicht dadurch zu unterscheiden, daß bei der kurzärmeligen Variante die farblich kontrastierenden Unterärmel und – bei geraafftem Obergewand – auch der Rocksaum des Untergewandes zu sehen sind.[88] Bei der kurzärmeligen Version, welche die Funktion eines Surcots erfüllt, enden die Ärmel an der Unterkante der mit einem langen Flatterband versehenen Armbinden. Identische Bänder zieren auch die langärmelige Version, unter der lediglich ein Unterhemd getragen wird. Beide Gewandtypen weisen auch die gleichen senkrechten Schlitze auf der Vorderseite auf, deren auf zeitgenössischen Abbildungen deutlich zu erkennenden Einfassungen auch farblich abgesetzt sein können. Die Ärmel der Cotardie bedecken die Handgelenke, lassen aber bis ca. 1360 den Handrücken frei. Die *stuchen* genannten, leicht trichterförmigen Verlängerungen der Ärmel, welche den Handrücken bis zu den Fingerwurzeln bedecken, treten erst gegen Ende des Betrachtungszeitraumes auf und lassen sich einwandfrei erst ab ca. 1370 nachweisen, weshalb sie erst im nächsten Band ausführlich besprochen werden sollen.

Da man die Brust nicht nur durch den Ausschnitt, sondern auch durch eine entsprechende Paßform betonen will, die Technik des Brustabnähers aber unbekannt ist, zerlegt man das Kleid schnittechnisch in senkrechte Streifen, die oben breit, in der Mitte schmal und unten wieder breit sind (Tafel C, Abb. 3 und s/w-Tafel VI). Ein ganze Reihe derart zugeschnittener Kleider aus der 2. Hälfte des 14. Jahrhunderts hat man in den Gräbern von Herjolfsnes auf Grönland entdeckt. Obgleich diese von einfachen Bauersfrauen genäht worden sind und ihre Eleganz und Paßgenauigkeit zu wünschen übrig läßt, kann man doch die Bemühungen erkennen, dem modischen Vorbild der europäischen Modezentren nachzueifern. Neben diesen bäuerlichen Cotten aus Herjolfsnes hat sich eine prunkvolle Cotte aus Goldstoff erhalten. Es handelt sich um das sogenannte „goldene Gewand“ der Königin Margarethe von Dänemark (1353 - 1412), welches von Helene Dihle 1360 - 1370 datiert wird (vgl. s/w-Tafel VII). Diese Cotte ist allerdings keine Cotardie sondern ein relativ locker fallendes Gewand mit einer Taillenweite von 100 cm bei einer Brustweite von 85 cm. Wichtig ist der folgende Hinweis von Dihle: „Das Kleid ... wird uns beschrieben als ein aus einem eng anliegenden Leibchen und einem darangenähten langen, reichfallenden Rock bestehendes Festgewand. Das ist insofern irreführend, als man danach eine durch Zuschnitt und Nahtverbindung betonte Zweiteilung in Rock und Taille annehmen muß, welche die Schneiderkunst ums Jahr 1400, aus welcher Zeit das Kleid etwa stammen soll, durchaus nicht kannte.“[89] Da von den Ärmeln nur noch ein 7 cm langer Ansatz vorhanden ist, läßt sich nicht mit Bestimmtheit sagen, ob es sich bei dem goldenen Gewand ursprünglich um eine Cotte oder um einen geschlossenen Surcot gehandelt hat.

Figur 1 auf Tafel C zeigt eine einfache Bürgersfrau um 1330, die eine taillierte Cotte aus hellrotem Wollstoff mit dunkelrotem Karomuster trägt, deren Schnittmuster in Anlehnung an die Funde von Herjolfsnes rekonstruiert wurde. Solche Kleider wurden als Alltagsgewänder sowohl von Bürgerinnen und wohlhabenden Bauersfrauen als auch von Damen des Niederadels überall in Europa in der Zeit zwischen ca. 1330 und 1480 getragen. Die Frisur besteht aus zwei zu Schnecken aufgerollten Zöpfen, über die ein Haarnetz gezogen ist. Darauf hat sie ein Schapel gesetzt, welches aus einem brettchengewebten Band mit aufgenähten Rosetten besteht. Die Haarschnecken stehen – was hier wegen der Perspektive nicht zu erkennen ist – an den Seiten wie Hörner ab (vgl. Abb. S. 46). Figur 1 auf Tafel C zeigt eine adlige Dame in einer modischen Cotardie um 1360. Typisch für diese Zeit sind das große Dekolleté und die beiden Schlitze, die darauf hinweisen, daß

Erläuterungen zu TAFEL VI

1 Originalschnitt einer Cotte nach Nørlund, linke Hälfte

1 a Originalärmel

2 Schnittrekonstruktion eines 3/4 langen Surcots nach dem gleichen Konstruktionsprinzip, Vorderseite

3 Dame in Cotte u. Surcot nach dem Peterborough-Psalter

TAFEL VI

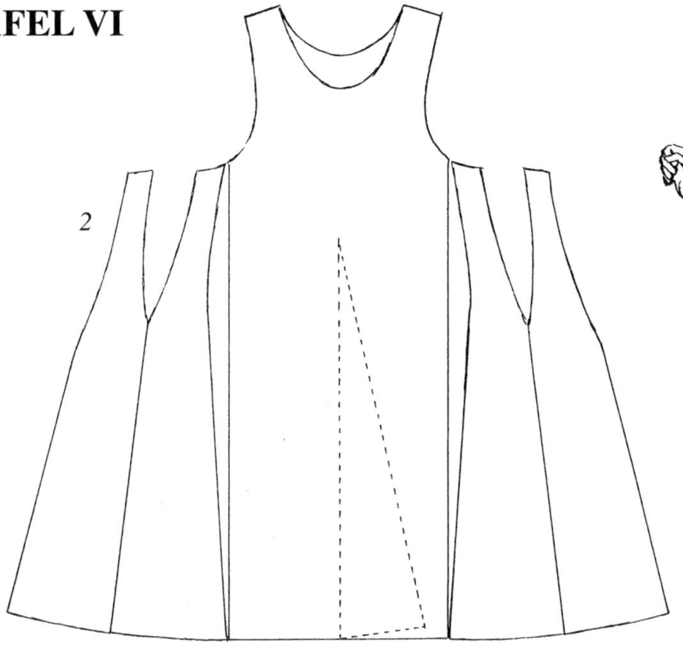

2

3

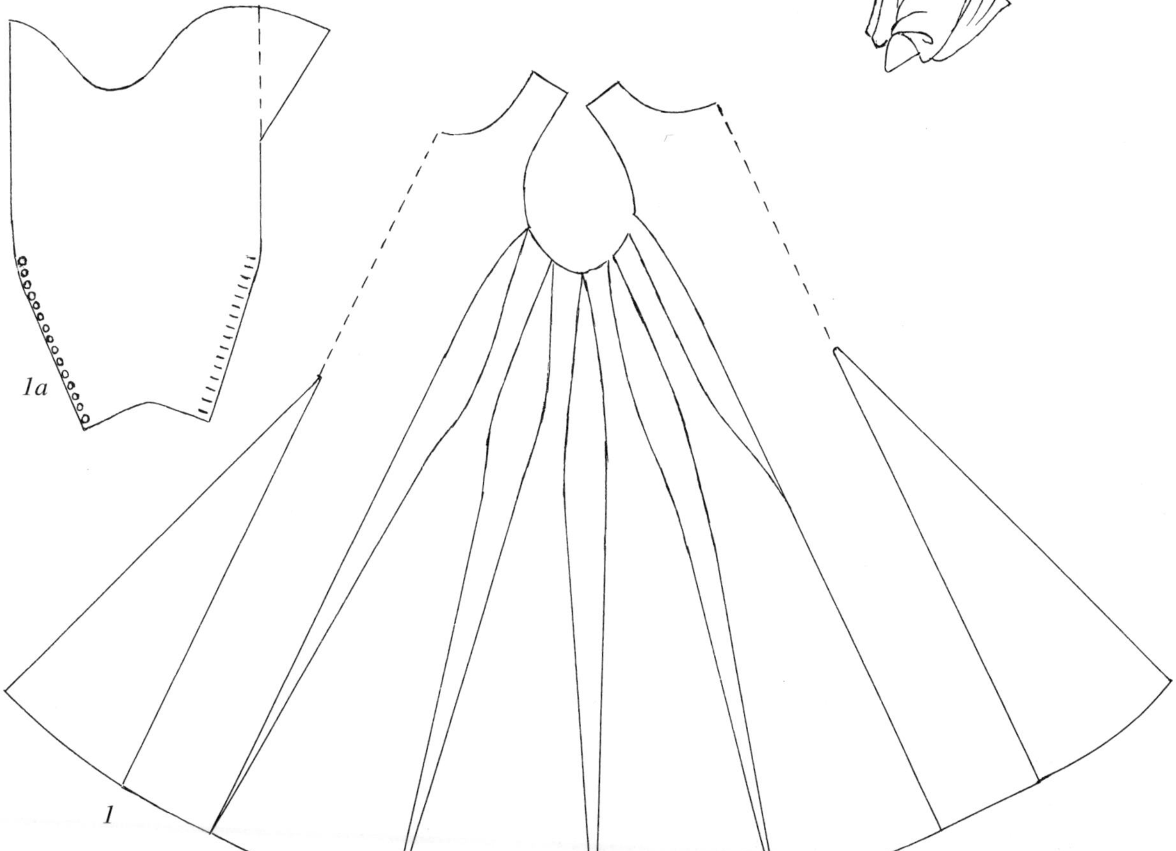

1a

1

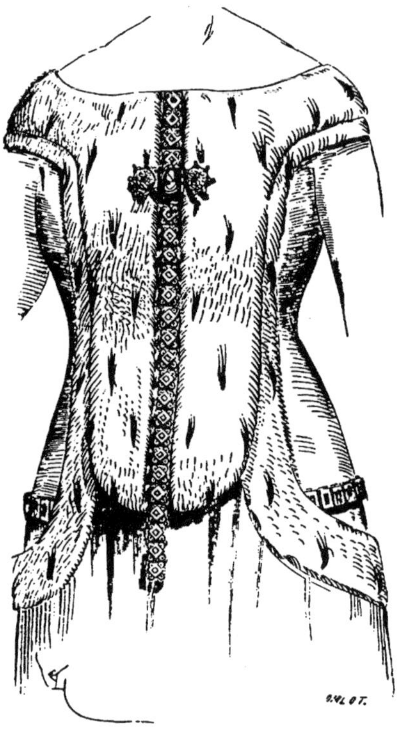

Offener Surcot mit Schmuckband nach Viollet le Duc

unter dem Kleid ein Gürtel getragen wird, an dem ein Beutel und sonstige Utensilien (z. B. ein Schlüsselbund) hängen.

Über der Cotte trägt die Frau auf der Straße oder bei gesellschaftlichen Anlässen einen **Surcot** (mhd. *sorket*) variabler Länge, der entweder ärmellos oder mit halblangen weiten Ärmeln ausgestattet ist. Beim ärmellosen Surcot werden die Armöffnungen im Laufe der Zeit immer größer, so daß zuerst das Vorder-, dann auch das Rückenteil auf zwei schmale Stege reduziert werden, die zusammen mit den fast waagerechten Schulterträgern jeweils ein T bilden (Tafel D, Fig. 2 und Abb. 4). Die seitlichen Öffnungen, von den zeitgenössischen, meist klerikalen Kritikern „Höllenfenster" genannt, werden im höfischen Milieu seit ca. 1360 fast immer mit Pelz eingefaßt, während der verbleibende Stoffsteg auf der Vorderseite von einem langen Latz aus Pelz verdeckt wird, über den entweder ein Band aus getriebenen, meist vierpaßähnlichen Medaillons oder ein reich mit Gold und Edelsteinen bestickter Stoffstreifen befestigt wird (Tafel D, Abb. 10). Dieser höfische Surcot, der sich bis weit ins 15. Jahrhundert in der europäischen Mode hält, hat immer eine Schleppe. Daneben gibt es im 14. Jahrhundert auch einen einfachen, offenen Surcot, halb- bis dreiviertellang mit relativ kleinen Armlöchern, der von den einfachen Bürgersfrauen bei der täglichen Arbeit getragen wird. Hausfrauen und weibliche Bedienstete werden seit ca. 1325 oft mit weißen Halbschürzen dargestellt, die um die Taille gebunden werden und am oberen Rand feine Plisséefalten aufweisen, die bisweilen mit Kreuzstichen auf einer Länge von bis zu 10 cm fixiert sind.[90]

Figur 2 auf Tafel C und Figur 2 auf Tafel D zeigen zwei adlige Damen in einer Kombination von Cotte und Surcot. Zwischen den beiden Darstellungen liegen 20 - 30 Jahre. Die Ehefrau von Sir Geoffrey Luttrell, gezeichnet nach einer Miniatur aus dem gleichnamigen Psalter (um 1330), trägt eine Cotte mit mäßig weitem Halsausschnitt und darüber einen heraldischen Surcot, wie er zumindest in England und Frankreich bei Turnieren und zeremoniellen Anlässen üblich war. Der heraldische Surcot weist gegenüber dem Ende des 13.

Erläuterungen zu TAFEL VII

- *1* Das goldene Gewand der Königin Margarethe, ca. 1360 (nach M. Tilke)
- *1 a* linkes Vorderteil
- *1 b* linkes Rückenteil
- *1 c* Ärmel (oberer Teil ergänzt)
- 2 kurzer Hängeärmel, ca. 1326
- 2 *a* Schnittmuster (nach M. Tilke)
- *3* Langer Hängeärmel nach dem Vorbild von Lady Braunche 1364
- *4* Cottenärmel (oberer Teil ergänzt)
- *5* Frauengugel nach dem Codex Manesse, ca. 1310
- 6 Frauengugel (nach Nørlund)

TAFEL VII

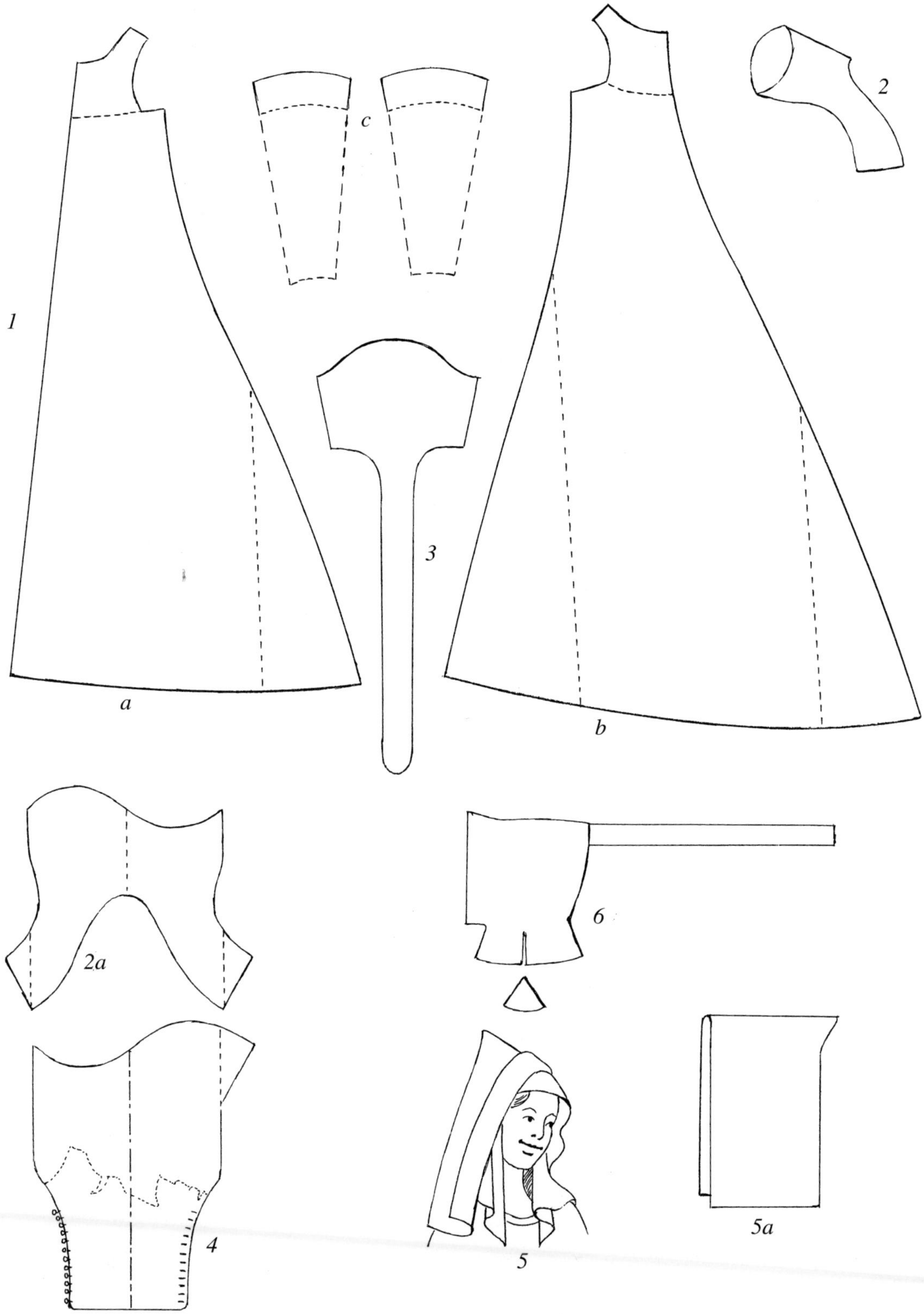

Dienstmagd mit Schürze aus dem Luttrell-Psalter

Angeblicher „Böhmischer Surcot“ aus der Velislavbibel, Nationalbibl. Prag

Jahrhunderts eingeführten Modell keine nennenswerte Veränderung auf. Wirklich neumodisch ist lediglich der Kopfputz: eine Kombination von Zopffrisur mit Wimpel (= Halsschleier), Kopfschleier und Schapel. Da der Wimpel den Hals ganz umschließt, könnte es sich dabei auch um eine Art Gugel ohne Kopfteil handeln. Demgegenüber trägt die Figur auf Tafel D eine Cotte mit mittelgroßem Halsausschnitt, einen Surcot mit „Höllenfenstern“ und darüber einen von einer Schnur gehaltenen Tasselmantel. Die spezielle Form des Kopfschmuckes weist sie als eine Angehörige des niederländischen oder englischen Hochadels aus, da derartige spezielle Kronschapel mit integrierten Gitterzylindern für die Aufnahme der Zöpfe nirgends sonst in Europa üblich waren.

Beim sogenannten „böhmischen Surcot“, angeblich ein vorn tief ausgeschnittenes, eng tailliertes Jäckchen mit langen Ärmeln (vgl. s/w-Abb.), handelt es sich eindeutig um eine Erfindung von O. Šroňková,[91] bzw. um die Fehlinterpretation einer Abbildung in der böhmischen Velislavbibel, die auch ihren Eingang in die Kostümgeschichte von E. Thiel gefunden hat. In ähnlicher Weise hat auch Racinet verschiedene Abbildungen fehlinterpretiert; denn auch bei ihm gibt es diese ominöse Jacke, allerdings in einer pelzverbrämten Variante.[92]

Neben dem offenen Surcot gibt es wie bei der Männerkleidung auch einen geschlossenen. Dieser wird vorwiegend im Außenbereich getragen und hat wie sein männliches Gegenstück halblange, gerade geschnittene Ärmel, die sich um 1310 - 20 zu leichten Trichtern, den sogenannten „Tütenärmeln“ erweitern. Alternativ finden sich seit 1320 - 30 auch hier statt der Tütenärmel sogenannte Eselsohrärmel, die auf der Rückseite des Unterarms bis zu den Handgelenken herabhängen.[93] Wie der männliche Surcot ist um 1340 auch der weibliche in Bauchhöhe mit zwei seitlichen Durchgreifschlitzen versehen, der einen über dem Unterkleid getragenen Gürtel mit Tasche vermuten läßt. Gleichzeitig deutet sich mit der leichten Erweiterung des Halsausschnittes zu den Schultern hin eine Entwicklung an, die sich in der zweiten Hälfte des Jahrhunderts voll entfaltet.

Frauenmäntel

Wie die männliche Kleidung, so kennt auch die weibliche eine Reihe von Übergewändern und Mänteln, die im allgemeinen ihren männlichen Gegenstücken sehr ähnlich sind. So begegnen uns auf Grabmälern und anderen Abbildungen Frauen in der Garnache, der Pelisse, der Houce, dem Tappert, der Glocke und dem traditionellen Tasselmantel. Letzterer wird nun oft nicht mehr von einer Schnur und zwei Tasselscheiben zusammengehalten, sondern von einer einzigen broschenförmigen Spange (= Nusche). In der kostümkundlichen Literatur wird er daher als Nuschenmantel bezeichnet (vgl. Foto auf S. 33). Anscheinend ausschließlich den Männern vorbehalten ist der Hérigaut mit dreifach abgestuftem Schulterkragen (vgl. s/w-Tafel V), während der langärmelige Gardecorps auch von Frauen als Reitmantel getragen wird. Der Damen-Péliçon, ein mit Pelz gefütterter Reise- bzw. Wintermantel mit großer Kapuze, Armschlitzen und Knopfverschluß, ist bereits im Band „Früh- und Hochgotik" vorgestellt worden. Zusätzlich wird hier ein alternatives Schnittmuster für die Kapuze gezeigt (vgl. s/w-Tafel VIII). Den gleichen Mantel gibt es auch ohne Pelzfutter. Außerdem tragen Frauen ebenfalls die Heuke, die anders als das männliches Gegenstück über den Kopf geworfen werden muß, da sie vorne auf einer Länge von ca. 20 cm zusammengenäht ist und am Hals mit einigen Knöpfen verschlossen wird. Naht und Knopfleiste liegen nicht wie bei der Männer-Heuke auf der rechten Schulter, sondern in Körpermitte.

Im 14. Jahrhundert erfreut sich die bis dahin ausschließlich von Männern getragene Gugel auch

Frauen-Gardecorps als Reitmantel, nach Viollet le Duc

bei den Frauen zunehmender Beliebtheit. Allerdings hat die Frauengugel zumindest anfangs eine andere Form als ihr männliches Gegenstück. Auf den Miniaturen des 2. Nachtragsmalers der Manessischen Liederhandschrift und im Luttrell-Psalter sind Frauen zu erkennen, die weiß-gefütterte Kapuzen tragen, welche lediglich aus einem rechteckigen Stück Stoff bestehen, das auf die Mitte gefaltet und an einer Seite zusammengenäht ist, so daß eine an zwei Seiten offene Tüte entsteht. Ab ca. 1360 nehmen die Frauengugeln den gleichen Schnitt an wie die Männergugeln, wobei sie allerdings im allgemeinen ein kürzeres Kragenteil aufweisen und auf der Vorderseite nicht zusammengenäht, sondern mit einem Knopfverschluß versehen sind. Die Knöpfe können aber auch entfallen. Dann wird die Gugel im Halsbereich mit einem Durchzug versehen, so daß man mittels einer durchgezogenen Schnur die Gugel vorne zubinden kann (vgl. Tafel D, Abb. 5).

Erläuterungen zu TAFEL VIII

Pélicon ohne Schleppe, 1. Hälfte 14. Jh

a Mantelschnitt

b Kapuzenschnitt nach M. G. Houston

c Ansicht des Kragens bei heruntergeschlagener Kapuze

TAFEL VIII

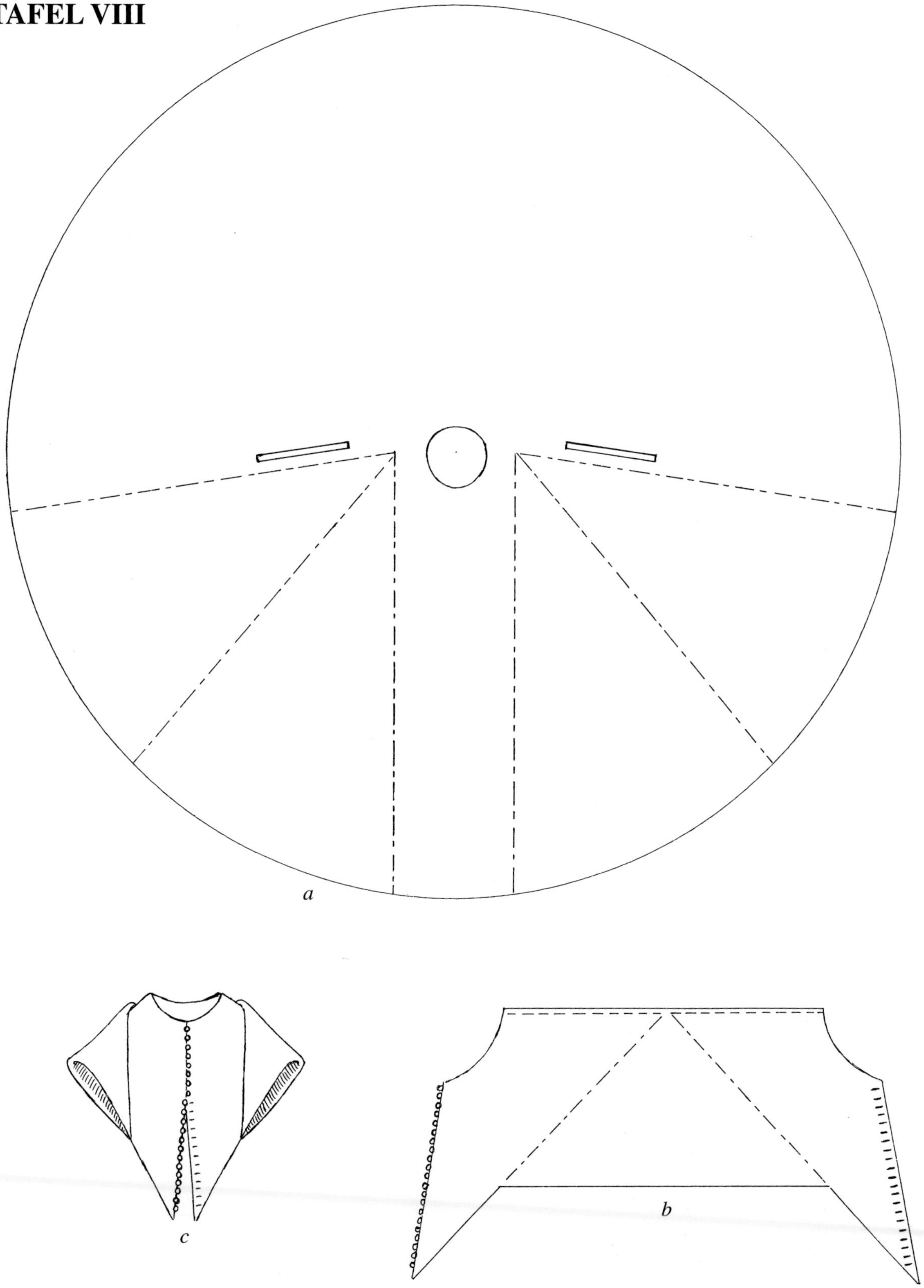

Kopftracht

Während in der weiblichen Kleidung die Veränderungen des 14. Jahrhunderts auf den ersten Blick weniger auffällig sind als in der männlichen, sticht die „üppigere und wandelbare Gestaltung der Kopftracht“[94] direkt ins Auge. Auf dieser Hauptdomäne der weiblichen Tracht ruht offensichtlich in dieser Zeit der modische Hauptakzent; denn in keiner anderen Epoche hat es so viele unterschiedliche weibliche Kopftrachten gegeben wie in der Spätgotik. Während der Zuschnitt der wichtigsten Kleidungsstücke von Land zu Land nicht oder nur wenig variiert,[95] bilden sich hier von Land zu Land und von Region zu Region unterschiedliche Kopftrachten aus.

Zu Beginn des Betrachtungszeitraums sehen wir das offene oder in einem Netz gefangene Haar noch gelegentlich von dem alten Gebende des 13. Jahrhunderts umschlossen, wobei allerdings das Kinnband zu einem schmalen Streifen geschrumpft ist und auch der aus gesteiftem Leinen gefertigte Kopfreif bedeutend niedriger erscheint.[96] Zusätzlich zum Gebende oder als dessen Ersatz trägt die Dame von Stand von ca. 1320 bis ca. 1340 den Wimpel (frz. *guimple*), der Kinn, Wangen und Hals verdeckt und seitlich an der Frisur befestigt wird (Tafel C, Abb. 2) oder die französische *gorgière*, eine Art Gugel ohne Kopfteil.

gorgière nach Viollet le Duc

Im Gegensatz zu der in der Hochgotik beobachteten Sitte der verheirateten Frau, das Haar möglichst vollständig zu verhüllen, sehen wir seit den zwanziger Jahren vielfach auch verheiratete Frauen, die sich mit einem Haarnetz begnügen, wobei das Haar geflochten und zu zwei über den Ohren getragenen Schnecken bzw. Hörnern (frz. *cornettes*) aufgerollt wird. Diese Kopftracht begegnet uns bereits in der Manessischen Liederhandschrift auf den Miniaturen des 2. Nachtragsmalers.

Über all diesen Gebilden trägt man vielfach einen leichten durchsichtigen Schleier, der entweder von unsichtbaren Haarnadeln oder einem Schapel bzw. Band gehalten wird. Bisweilen nimmt dieser Schleier auch Schalform an, wie auf einer Abbildung des Kasseler Willehalm-Codex sehr gut zu erkennen ist. Dabei wird das lange rechteckige Tuch, welches an einer Schmalseite halbrund abgeschnitten ist, mit dem runden Ende über den Kopf gelegt und dort mit einer Krone oder einem Schapel fixiert, während das lang auf den Rücken herabhängende andere Ende über eine Schulter nach vorne geführt, locker vor der Brust drappiert und dann über die andere Schulter wieder auf den Rücken zurückgeführt wird (Tafel E, Abb. 7).

Ähnliche Frisuren, doch ohne Netz und Schleier, werden von Mädchen und jungen Frauen im 2. Viertel des Jahrhunderts europaweit bevorzugt. Bei einer Variante wird das gescheitelte Haar an den Schläfen zu Zöpfen geflochten, in verschiedener Weise über die Ohren in den Nacken geführt und hier ineinander verschlungen; bei einer anderen beginnen die Zöpfe im Nacken, werden nach vorn zu den Schläfen und von da aus wieder in den Nacken zurückgeführt und dort verschlungen (Tafel E, Abb. 6). In der zweiten Hälfte des Jahrhunderts bevorzugt man kurze, doppelt gelegte Schläfenzöpfe, die entweder offen getragen oder wie in England in zwei walzenförmige Drahtgitterbehälter gesteckt werden, die an einem Kopfreif befestigt sind (Tafel D, Abb. 7). Reicht das eigene Haar nicht aus, so greift man auf falsche Zöpfe zurück, die an einem Haarband festgenäht sind

(Tafel D, Abb. 6).[97]

Neben diesen verschiedenen Formen des leichten Kopfputzes, bei dem die Haare mehr oder weniger sichtbar bleiben, gewinnt – vor allem in Deutschland – im Laufe des Jahrhunderts die Umhüllung des Kopfes durch verschiedene undurchsichtige Hals- und Kopftücher an Bedeutung. Aus dem einfachen, schulterlangen Kopftuch der Manessischen Liederhandschrift, ein auf die Hälfte gefalteter Vollkreis, wird im Laufe des 2. Viertels des 14. Jahrhunderts ein schweres, vielfach gelegtes Tuch, welches auf Schultern und Rücken herabfällt. Das Gebende wird durch den Wimpel (frz. *guimple*) ersetzt, ein Tuch, welches relativ straff um Hals, Kinn und Wangen gelegt wird und dessen unterer Rand im Gewandausschnitt verschwindet. Anfänglich weist das Kopftuch noch eine glatte Vorderkante auf. Um 1330 wird es oft mit einer Kräuselung besetzt, eine modische Neuerung, die in der Folgezeit zur Herausbildung eines speziellen Kopfputzes führt, des aufgrund dieser Kräuselung sogenannten *kruselers*.

Der Kruseler ist ein vielfach gelegtes halbkreisförmiges Tuch, der entweder knapp bis zu den Schultern reicht oder diese bedeckt (Kragenkruseler). Das Gesicht wird von mindestens drei Reihen mehr oder weniger voluminöser Rüschen eingerahmt (vgl. Tafel D, Abb. 8 a - c). Diese Rüschen können sich auf den Kopfbereich beschränken, durchgehend die ganze Vorderkante säumen oder beidseitig auf der Höhe der Schultern unterbrochen sein (Kleeblattkruseler). Der Kruseler taucht 1342 erstmals in Schlesien auf und verbreitet sich nicht nur in Deutschland und in England,[98] sondern auch in den skandinavischen Ländern[99] und in Norditalien[100], wobei südlich der Alpen die Schleier weniger schwer und die Rüschen weniger voluminös erscheinen. Mit der Zeit steigert sich die Zahl der Stofflagen und auch der Rüschen, so daß sich die Obrigkeit veranlaßt sieht, gegen solche Übertreibungen einzuschreiten. So wird z. B. in den Kleiderordnungen von Speyer, Frankfurt und Göttingen deren Anzahl vorgeschrieben. Der Kruseler wird sowohl ohne als auch mit Wimpel getragen. Die Figur der hl. Elisabeth im Straßburger Münster scheint unter dem Kruseler sogar eine Art ungeschwänzte Gugel zu tragen, bei der Kragen und Gesichtsausschnitt mit drei schmalen Rüschenreihen besetzt sind.

Kruseler-Variationen nach Houston

Kleidungszubehör und Schuhe der Frau

Zum modischen Kleidungszubehör der Frau zählen Gürtel, Beutel, Broschen und sonstige Schmuckstücke sowie die Knöpfe.[101] Wichtigstes Zubehörstück bleibt der Gürtel, für den täglichen Gebrauch aus Leder oder Leinen mit Schnallen und Beschlägen aus Eisen, einer Kupferlegierung oder Zinn und in Luxusausführung aus Seide mit Schnallen und Beschlägen aus Silber und Gold. Wie bereits gesagt unterscheiden sich Männer- und Frauengürtel weniger durch den Dekor als vielmehr durch die Riemenbreite und Schnallengröße. Frauengürtel sind fast immer schmaler als Männergürtel. Im Vergleich zu den Gürteln des 13. Jahrhunderts ist eine Tendenz zur Verschmälerung auch bei den Männergürteln feststellbar. Schmale Prunkgürtel mit einer Breite von 10 - 15 mm wie der sogenannte Zähringergürtel scheinen den Frauen vorbehalten gewesen zu sein. Manche dieser Prunkgürtel weisen anstelle einer geschlossenen Schnalle einen offenen Bügel in Form einer kleinen Figur auf (vgl. Tafel C, Abb. 12 a - d).

Der um die Jahrhundertmitte in der Männertracht aufkommende breite Hüftgürtel wird ab ca. 1360 als reiner Schmuckgürtel auch von den Frauen getragen. Er besteht in der Regel aus miteinander verketteten rosetten- oder vierpaßförmigen Metallgliedern und wird über der Cotte, aber unter dem offenen Surcot getragen, so daß er nur in den seitlichen „Höllenfenstern" zu sehen ist (vgl. Tafel D, Abb. 2 und 9).

Anstelle einer Gürteltasche tragen Frauen entweder einfache, mit einem Riemen zusammengezogene Leder- und Stoffbeutel oder flache, rechteckige Hängetaschen, die mit bunten Garnen bestickt sind. Als Motive sind Minneszenen oder Wappen beliebt.

Broschen, ursprünglich als *fürspan* oder *rinck* dem Kleiderverschluß dienend, sind nun meist reine Dekorationsstücke. Manchmal dienen zentral auf der Brust angebrachte Exemplare als Verschlußspange (= Nusche) oder als Halter für die Tasselschnur des Mantels. Beliebt ist nach wie vor die einfache kreisförmige Brosche, entweder aus Zinn, Kupferlegierung oder Edelmetall gegossen oder aus Buntmetalldraht geflochten. Eine auffällige Neuerung sind runde oder sechseckige, in der Literatur manchmal mit dem Attribut „Freundschaft" versehene Broschen (mhd. *hanttruwebratzen)*, bei denen sich zwei Handpaare umfassen, ein Motiv, welches auch bei Fingerringen derselben Epoche vorkommt.

Die meisten Knöpfe sind entweder einteilig aus Zinn gegossen oder zweiteilig aus Bronzeblech zusammengesetzt. Es dominiert die glatte kugelige oder halbkugelige Form. Neben den Metallknöpfen kommen stoffbezogene mit Holzkern oder ganz aus Stoff hergestellte Knöpfe vor.[102]

Frauen tragen ganz ähnliche Schuhe wie die Männer, abgesehen von den hohen Reiterstiefeln, die den Männern vorbehalten sind. Anders als in der Männermode bleiben die Spitzen der Frauenschuhe wegen der langen Röcke relativ bescheiden. In vornehmen Kreisen beliebt sind stark ausgeschnittene Halbschuhe aus punziertem, durchbrochenem oder geprägtem Leder, die außer Haus wegen der schlechten Straßen natürlich nur mit Trippen getragen werden können.[103]

Kleiderstoffe, Farbigkeit und Dekoration

Die Webarten und die verwendeten Färbemittel sind die gleichen wie in der Hochgotik, so daß hier nicht noch einmal im Detail darauf eingegangen wird. Für die Herstellung der Oberbekleidung verwendet man nach wie vor in erster Linie Wolltuch, das in der Regel mit Leinen gefüttert wird. Aufgrund der Darstellungen in der zeitgenössischen Kunst – die meisten farbigen Abbildungen sind kleinformatige Buchillustrationen – scheint allgemein die Vorstellung vorzuherrschen, daß diese Stoffe im Mittelalter im Gegensatz zu den mehrfarbigen und gemusterten Seidenstoffen einfarbig und ungemustert gewesen sind. Diese Auffassung muß man aber revidieren, wenn man die Tuchreste betrachtet, die in den letzten Jahrzehnten bei archäologischen Ausgrabungen zutage gefördert worden sind. So befinden sich unter den Londoner Stoffunden des 14. Jahrhunderts neben einfarbig gemusterten Woll-Köpern (Rauten- und Fischgrätköper) eine ganze Reihe von mehrfarbigen Wolltuchen: gestreifte, kleinkarierte und solche mit einem *plaid*-Muster (Schottenkaro).[104]

Es ist sehr schwer, die ursprüngliche Farbigkeit dieser Überreste zu rekonstruieren, da sich alle pflanzlichen Farbstoffe, insbesondere Indigo, Waid und Wau, d. h. die Färbemittel, mit denen man Blau, Grün und Gelb erzeugte, im Boden aufgelöst oder bis zur Unkenntlichkeit verfärbt haben, so daß heute nur noch eine unterschiedlich intensive Brauntönung zu erkennen ist. Hingegen sind die Rottöne, die aus tierischen Grundstoffen (z. B. aus Kermes-Schildläusen und Purpurschnecken) hergestellt wurden, chemisch relativ stabil und lassen sich noch heute identifizieren.

Besonders beliebt waren nach der Jahrhundertmitte angeblich grün-rot geschachte Stoffe,[105] was von manchen Zeitgenossen scharf kritisiert wurde, möglicherweise weil geschachte Kleider früher als Abzeichen der Narren galten.[106] Ebenfalls sehr häufig scheinen gelbe Stoffe mit einem Muster von verschieden breiten grünen und roten Streifen oder hellgrundige Karostoffe gewesen zu sein, und zwar auch außerhalb von England. So sind auf einem italienischen Fresko von Simone Martini in der Franziskus-Basilika von Assisi, welches auf 1320 - 25 datiert wird, gleich mehrere Personen dargestellt, deren Cotte zur Hälfte (mi-parti) aus hellrot und grün kariertem Stoff (sog. Bauernkaro) besteht, und ein katalanisches Altarbild von ca. 1340 zeigt einen Lautenspieler, der ein Wams aus hellgrundigem Schottenkarostoff trägt.[107]

Für die kostbaren Festkleider der Oberschicht werden Seidenstoffe verwendet, die nun hauptsächlich aus Italien stammen. Die dortigen Seidenweber haben ihre Stellung als Hauptlieferanten kunstvoll gemusterter Seidendamaste und -Brokate im Laufe des 14. Jahrhunderts aufgrund verbesserter Techniken und attraktiver Muster europaweit zu Lasten der orientalischen und spanischen Hersteller ausbauen können.[108] Hauptproduktionszentren sind nun Lucca und Venedig. Dienten im 12. und 13. Jahrhundert vorwiegend arabische und byzantinische Muster als Vorlagen bei der Herstellung der spanischen und italienischen Damaste und Brokate, so sind es jetzt vor allem chinesische Motive, die sich bei den italienischen Seidenwebern zunehmender Beliebtheit erfreuen. Zu den bereits bekannten Tieren und Fabelwesen, welche die figürlichen Muster beleben, treten chinesische Drachen (Khilin) und Reiher (Fonghoang). Die streng geometrische Anordnung der verschiedenen tierischen und pflanzlichen Motive mittels kreis- und vierpaßförmiger Rahmen wird nun meistens aufgegeben zugunsten einer lockeren Anordnung, bei der die einzelnen Muster oft diagonal versetzt stehen.[109] Dominierte bei den gemusterten Seidenstoffen des 13. Jahrhunderts der Samit, so ist nun die Lampas-Bindung in Kombination mit anderen Bindungen, z. B. Kett-Atlas, vorherrschend. Allerdings werden auch weiterhin solche Muster gewebt, die sich eher an traditionellen Vorlagen orientieren, wie das Steppwams des Charles de Blois beweist (Tafel B, Abb. 6).

Neben den gemusterten Seidenstoffen verwendet man für die höfische Garderobe gerne echten Samt (Seiden-Velours), der im 14. Jahrhundert nur ungemustert hergestellt und deshalb oft mit Seiden- und Brokatfäden bestickt wird. So besteht die

Italienische Brokate und Damaste aus Lucca und Venedig, 14. Jh., nach Otto v. Falke

äußere Hülle des Steppwamses von Eduard dem Schwarzen Prinzen in der Kathedrale von Canterbury aus goldbesticktem Samt. Heraldische Motive sind als Dekoration zunehmend auch bei zivilen und weiblichen Kleidungsstücken anzutreffen. Der heraldisch verzierte, offene Damensurcot, um 1250 erstmals nachweisbar, erscheint auf englischen Grabplatten ab der Mitte des 14. Jahrhunderts fast als eine Art Standardkleidung für zeremonielle Anlässe[110] (Tafel C, Fig. 2).

Außer bei der Produktion von Gürteln und Hosenbändern werden gemusterte, brettchengewebte Borten außerhalb des klerikalen Bereichs kaum noch verwendet. Dafür wird nun vermehrt Pelz zur Verbrämung der Kleidung, z. B. beim Tappert oder beim offenen Damensurcot, eingesetzt. Mit der wachsenden modischen Konkurrenz des Bürgertums nimmt innerhalb des Hochadels gerade der Verbrauch exklusiver Pelze exzessive Ausmaße an.[111]

Über die Nähtechniken gibt es nichts zu sagen, was nicht schon im vorangegangenen Band stünde. Was den Zuschnitt betrifft, so gibt es bestimmte Konstanten, die sich trotz des neuen Trends der Körperbetonung nicht geändert haben. Dazu gehört die Ausnützung von Webkanten und der sparsame Umgang mit dem verwendeten Material, sei es Wolle oder Seide. Dies führt dazu, daß bei erhaltenen mittelalterlichen Kleidungsstücken einige Nähte nicht durch das Schnittmuster, sondern durch mangelnde Stoffbreite oder die gewollte Verarbeitung von Stoffresten bedingt sind.

Italienische Brokate und Damaste, 14. Jh., nach Otto v. Falke

Tafel A

1 männliches Kostüm ca. 1330 - 1345 mit Cotte, Surcot und Gugel
2 männliches Kostüm ca. 1320 - 1335 mit Cotte, Surcot, Garnache und Gugel
3 Männer-Unterhemd
4 Männer-Cotte ca. 1320 - 1345
5 Männer-Surcot ca. 1330 - 1345
6 Männer-Gugel mit alternativer Randverzierung um 1340
7 Garnache ohne Kapuze ca. 1320 - 1370
8 Männer-Surcot ca. 1320 - 1335
9 Jagd- oder Reisehut ca.1320 - 1370
10 Halbschuh ca. 1340
11 Stiefel ca. 1320 - 1370
12 offener Halbschuh mit ausgestanztem Muster ca. 1340
13 Gürtel mit Schnalle, Riemenzunge und rosettenförmigem Beschlag ca. 1320 - 1370
14 Gürteltasche ca. 1340

TAFEL A

Tafel B

1	männliches Kostüm ca. 1345, mit Cotardie und Gugel
2	männliches Kostüm ca. 1365 mit Schecke/Wams (*pourpoint à grandes assiettes*) und Gugel
3	Cotardie ca. 1345
4	Gugel mit dreieckigem Schultereinsatz
5	Schecke/Wams ca. 1365 (*pourpoint à grandes assiettes*)
6	Stoffmuster des pourpoint von Charles de Blois ca. 1365
7	Unterhose mit langem Beinling zum Festnesteln am Wams ab ca. 1360
8	Beinling mit alternativer langer Spitze
9	Schnabelschuh ca. 1365
10	Detail eines ritterlichen Hüftgürtels 1350 - 1400 (M. 1:4)
11	Gürtelschnalle 1350 - 1400 (M. 1:3)
12	Messer mit Scheide 1300 - 1350 (M. 1:4)
13 a - b	Riemenzungen: a) mit gegossenem Mittelstück, b) aus Blech gefaltet (M. 1:2)
14 a - b	Gürtelbeschläge: a) aus Messingblech, b) aus Zinnguß
15	Gürtelschnalle aus Gelbguß 1350 - 1400 (M. 1:3)
16	Gürtelgarnitur mit verzinnten Beschlagteilen 1350 - 1400 (M. 1:3)
17	Riemenzunge aus Zinnguß 1350 - 1400 (M. 1:3)
18	Gürtelschnalle aus verzinntem Gelbguß 1350 - 1400 (M. 1:3)
19	Riemenzunge aus verzinntem Eisenblech 1350 - 1400 (M. 1:2)

TAFEL B

Tafel C

1	Bürgersfrau mit körpernah geschnittener Cotte ca. 1330 - 1400
2	Lady Luttrell mit Cotte und heraldischem Surcot ca. 1325 - 1335
3	körpernah geschnittene Cotte ca. 1330 - 1400
4	heraldischer Surcot (England/Frankreich) ca. 1325 - 1335
5	ärmelloses Unterhemd, 14. Jh.
6	Frau mit Eselsohrärmeln und Zopffrisur ca. 1340
7	Königin mit Haarschnecken, Haarnetz und langem Schleier ca. 1335
8	Frau mit „Hörner"-Frisur, Kopfschleier und Wimpel ca. 1320 - 1370
9	italienischer Seidendamast ca. 1350
10	„Freundschaftsbrosche", Frankreich ca. 1320 - 1370 (M. 1:2)
11	edelsteingeschmückte Vierpaßbrosche, Frankreich ca. 1320 - 1340 (M. 1:3)
12 a - b	Schnalle mit Beschläg und Riemenzunge vom sog. Zähringergürtel ca. 1345 (M. 1:2)
12 c - d	Beschläge vom sog. Zähringergürtel (M. 1:1)
13 - 14	Riemenzungen (M. 1:2)
15	offener Damenhalbschuh mit ausgestanztem Muster ca. 1320 - 1370
16	hölzerner Unterschuh (Trippe)
17 a - c	Gürtelbeschläge (M. 1:1 - 1:1,5)

TAFEL C

Tafel D

1	Dame in Cotardie ca. 1340 - 1390
2	engl. Königin in Cotte und offenem Surcot ca. 1360
3	langärmelige Cotardie ca. 1340 - 1370 mit Rückenansicht des Ärmels
4	offener Surcot mit Pelzbesatz ca. 1360
5	offene Frauengugel ca. 1370
6	Zopffrisur mit Kopfband und falschen Schläfenzöpfen ca. 1350 - 1400
7	Zopffrisur mit Gitterzylindern, England ca. 1360
8 a - c	Ansichten und Schnittmuster eines Kruselers ca. 1342 - 1400
9	Hüftgürtel der Johanna von Pfirt, Herzogin von Österreich ca. 1360
10	gestickter Brustschmuck vom Gewand der Johanna von Pfirt mit den Wappen von Österreich (rot-weißer Bindenschild) und Pfirt (goldene Fische auf rotem Grund) ca. 1360
11 a - b	Draufsicht und Detail des Kopfschmucks der englischen Königin ca. 1360
12 a - c	verschiedene Knöpfe ca. 1300 - 1400

TAFEL D

Tafel E (Deutsche Rüstungen)

1	Albrecht von Hohenlohe (gest. 1325) im Rüstungsstil von ca. 1330 - 35
1 a	vergrößerte Darstellung der Waffenkette
2	Hartrad von Schönecken ca. 1350
3 a - b	Schuppenpanzer mit Detail der Schulter des Albrecht von Hohenlohe
4	Plattenhandschuhe des Albrecht von Hohenlohe
5	Unterarmschienen des Albrecht von Hohenlohe
6	Beckenhaube mit Detail der Helmbrünnenbefestigung
7	Dolch des Albrecht von Hohenlohe
8	Schild des Albrecht von Hohenlohe
9	Sporen des Albrecht von Hohenlohe
10	Helm eines Ritters von Kornburg (ohne Bemalung) ca. 1330 - 1350
11 a	Beckenhaube mit Nasal ca. 1330 - 1350
11 b	Nasalbefestigung mit Verriegelung ca. 1300 - 1350
12	Gürtelgarnitur ca. 1330 - 1350
13	Kniebuckel ca. 1350
14	beschlagene Beinschienen aus *cuir bouilli* ca. 1350
15 - 17	Armzeug aus *cuir bouilli* mit Armkacheln aus vergoldeter Messingbronze ca. 1350
18	Anderthalbhänder (Sattelbaumschwert) ca. 1300 - 1370
19 a - b	Kurzschwert für Hieb und Stich (*bordelaise*) mit Scheide und Schwertgurt ca. 1330

TAFEL E

Tafel F (Deutsche Rüstungen)

1	Graf Otto VII. von Orlamünd ca. 1350 - 1360
2	Ritter von Mielen ca. 1365 - 1370
3	Steppwams ca. 1330 - 1400
4 a - b	Rückansicht des Plattenrockes mit beweglichen Schulterkappen
5 a - d	Schwert mit Scheide und Profilen von Knauf, Parierstange und Klinge
6 a - b	Dolch mit Scheide und vergrößertem Mundblech ca. 1330 - 1360
7	Basilard ca. 1330 - 1400
8 a - c	deutsche Beckenhaube ohne und mit Klappvisier ca. 1350 - 1370
9	schweizerische Beckenhaube mit Klappvisier ca. 1350 - 1370
10	deutsche Beckenhaube ca. 1350 - 1370
11	deutsche Beckenhaube ca. 1350 - 1370 mit Helmbrünne
12	Plattenhandschuh mit teils innen, teils außen liegenden Platten ca. 1360
13	Plattenhandschuh mit separater trichterförmiger Stulpe ca. 1350 - 1370
14	Riemenzunge (M. 1:3 - 1:4)
15	Sporen ca. 1350
16	Innenseite der Tartsche von Fig. 2
17	Rückansicht des Lentners von Fig. 2
18 + 19	Beinzeugvarianten Deutschland/Niederlande ca. 1345
20	Unterzeug eines Panzerreiters mit Beinlingen, Kettenstrümpfen und Diechling

TAFEL F

Tafel G (Englische Rüstungen)

1	Sir Geoffrey Luttrell ca. 1330
2	Sir John d'Abernoun ca. 1345
2 a	Detailvergrößerung (von oben) der Helmzierhalterung
3 a - b	Schwert für Hieb und Stich mit Scheide und Schwertgurt
3 c - d	Detailvergrößerung der Scheide und der Riemenzunge des Schwertgurtes
4	Schwertgriff mit Knauf und Parierstange aus Gelbguß
5	Falchion ca. 1300 - 1350
6	Conyers-Falchion mit Detail der Parierstangenverzierung ca. 1250 - 1350
7	Topfhelm mit Visier von Figur 1
8	Gürtelschnalle ca. 1325
9	Schnalle einer Schildfessel ca. 1325
10	Schild von Figur 1
11	Schwertgurtbeschlag von Figur 1
12	Beckenhaube ohne Nasal ca. 1345
13	Kniebuckel mit verzierten Messingrandleisten
14 a - c	Stoßschwert (*estoc*) mit Scheide und Details des Schwertgurtes
15	Schwebescheiben von Figur 2
16	Wappenrock (*cyclas/siglaton*) von Figur 2
17	Kübelhelm ca. 1330 - 1370 (sog. Pembroke-Helm)
18	Doppelrahmenschnalle, vielleicht von einem Plattenrock
19 a - b	Plattenrock mit vergrößerter Zierniete

TAFEL G

3 c
5
6 a
7
3 b
8
4
9
3 a
10
11
3 d
6 b
1
2 a
12
15
17
14 a
14 b
18
19 b
13
2
14 c
16
19 a

Tafel H (Italienische und französische Rüstungen)

1	Toskanischer Ritter ca. 1340
2	Graf von Alençon ca. 1345, 2 a alternativer Schulterschutz
3	ital. Beckenhaube mit Helmbrünne und zusätzlichem Kettenbehang ca. 1350
4 a - c	italienischer Topfhelm mit Visier und Detailvergrößerung
5 a - b	Ortband und Sporenriemenschnalle, Italien ca. 1300 - 1350
6	italienische *cuir-bouilli*-Beinpanzerung mit Diechling und Kniebuckel
7 a - b	Schwertscheide mit Beschlägen vom Schwert des Cangrande della Scala ca. 1325
8 a - c	Schwertscheidenbeschläge vom Schwert eines spanischen Prinzen ca. 1310 - 1320
9	französische Beckenhaube mit Visier ca. 1330
10	französischer Topfhelm ca.1300 - 1350
11	französischer Topfhelm mit beweglichem Halsschutz ca. 1320 - 1340
12 a	französischer Topfhelm mit abnehmbarer Verstärkung fürs Lanzenstechen
12 b	Detail der Sicherungsvorrichtung auf der Helmrückseite
13	französische Beckenhaube mit Visier und beweglichem Halsschutz
14	italienisch/französische Plattenhandschuhe mit Lederstulpe
15	langer Dolch (Panzerstecher), Frankreich ca. 1350
16 a - b	Dolchmesser mit Wappenknauf, Frankreich ca. 1320 - 1350
17	Beinpanzerung, Frankreich/England/Italien ca. 1340
18	Beinpanzerung, Frankreich ca. 1350 - 1370
19	Sporen, Frankreich ca. 1350
20	Schwertgriff mit Schwertgehänge, Frankreich ca. 1320 - 1350
21	Schwertriemenagraffe, Frankreich ca. 1330 - 1400

TAFEL H

1
2
2 a
3
4 a
4 b
4 c
5 a-b
6
7 a
7 b
8 a-c
9
10
11
12 a
12 b
13
14
15
16 a
16 b
17
18
19
20
21

Teil II: RÜSTUNGEN UND WAFFEN

Die ritterliche Schutzbewaffnung 1320 - 1370

Die Regionalisierung der Rüstungsstile

Während vom Ende des 11. bis zur Mitte des 13. Jahrhunderts die Ritter in ganz Europa im wesentlichen überall gleich gerüstet waren, beginnen sich ab der 2. Hälfte des 13. Jahrhunderts nationale oder sogar regionale Rüstungsstile herauszubilden. Die Unterschiede sind auf den zeitgenössischen Darstellungen, vor allem auf Grabmälern und Buchillustrationen, erkennbar und ermöglichen es dem erfahrenen Waffenkundler und Kostümhistoriker, den abgebildeten Ritter mit ziemlicher Sicherheit einem bestimmten Land oder einer Region zuzuordnen. Unsicherheiten treten vor allem bei Kunstwerken aus Grenzgebieten auf, wo die verschiedenen kulturellen Einflüsse sowohl in der Kunst als auch in der Waffentechnik zu Mischformen führen konnten. So war im Gebiet zwischen Maas und Rhein, obwohl damals noch größtenteils zum deutschen Sprachraum gehörig, traditionell der französische Einfluß sehr stark, was auch in der Bewaffnung und der Heraldik seinen Niederschlag fand. Dies trifft vor allem auf Lothringen und Luxemburg zu. Die Tendenz zur Differenzierung verstärkt sich ab den 1330er Jahren, so daß man um die Mitte des Jahrhunderts mit voller Berechtigung von einem deutschen, einem englischen, einem französischen, einem italienischen usw. Rüstungsstil sprechen kann.

Wahrscheinlich waren die klimatischen Unterschiede zwischen Nord- und Südeuropa sowie die militärischen Erfahrungen, die man bei der Konfrontation mit andersartig ausgerüsteten Gegnern und neuen Waffen machte, ursächlich für die Herausbildung der nationalen Rüstungsstile. So ist die Verstärkung und Ergänzung des Kettenpanzers durch Platten, Schienen und Buckel wohl zum größten Teil auf den verstärkten Einsatz durchschlagskräftiger Fernwaffen, also der Armbrust und des walisisch-englischen Langbogens zurückzuführen. Offensichtlich erfolgte die Einführung zusätzlicher Rüstungsteile zuerst in den beiden Ländern, in denen Armbrust und Langbogen schon sehr früh eine schlachtentscheidende Bedeutung erlangten: Italien und England. Daß man in Italien dabei dem Leder und in England dem Eisen den Vorzug gab, liegt wohl darin begründet, daß sich Eisen unter starker Sonneneinstrahlung schneller aufheizt als Leder. In Deutschland und Frankreich, wo die militärischen Konflikte noch bis in die 30er Jahre entweder unter gleichartig gerüsteten Reiterheeren oder gegen vorwiegend mit Hand- und Stangenwaffen ausgerüstete Fußtruppen ausgetragen wurden, blieben die Rüstungen vergleichsweise konservativ, d. h. man verließ sich noch weitgehend auf das Kettenhemd und schützte allenfalls Rumpf, Kniee und Schienbeine durch Teile aus Eisen oder Leder. Die Konfrontation der Franzosen mit den englischen Langbogenschützen bzw. die der deutschen Soldritter mit den italienischen Armbrustschützen führte dann ab den 30er Jahren recht schnell zu einer Anpassung an die neue Bedrohung, wobei die Franzosen sich am englischen, die Deutschen sich mehr am italienischen Vorbild orientierten, was wohl auch erklärt, wieso in Deutschland der Lederanteil trotz des kühleren Klimas relativ hoch war.

Deutsche Rüstungen ca. 1320-1350

TAFEL E

Wenn wir uns nun als erstes der Entwicklung der Bewaffnung in Deutschland zuwenden und uns Tafel E anschauen, so können wir feststellen, daß sich bis zur Jahrhundertmitte gegenüber der Darstellung auf Tafel H von Band 1 kaum etwas am Rüstungsstil geändert hat. Nach wie vor dominiert optisch der Kettenpanzer, da in den meisten Fällen der Plattenrock durch den Wappenrock verhüllt wird. Über dem Hemd trägt der deutsche Ritter ein langes Steppwams, das auf den meisten Abbildungen bis zu den Knien reicht und die Diechlinge (Oberschenkelschützer) im Stehen vollständig bedeckt. Daneben gibt es aber durchaus auch einen kurzen Gambeson, dessen Schöße unter dem Kettenhemd verborgen bleiben. In der Regel ist aber der Ringelpanzer kürzer als das darunter getragene Steppwams. Auf zeitgenössischen Darstellungen erscheint er im Schritt oft ungeteilt, was wegen der notwendigen Beweglichkeit beim Reiten und Kämpfen Schlitze an den Seiten voraussetzt. Die Ärmel sind entweder dreiviertellang oder reichen bis zu den Handgelenken. Unter den kürzeren Panzerärmeln trägt man Armschienen aus unterschiedlichem Material. Beim langärmeligen Kettenhemd kommen ausnahmsweise noch „angestrickte“ Kettenfäustlinge vor. In diesen Fällen kann man davon ausgehen, daß der betreffende Ritter noch den Ringelpanzer seines Vaters oder Großvaters aufträgt. Üblicher sind allerdings ab den dreißiger Jahren separate Handschuhe unterschiedlichster Ausführung. Diese reichen von einfachen Kettenfäustlingen über mit Walbeinschuppen besetzte Fingerhandschuhe bis hin zu komplizierten Plattenhandschuhen, über die an anderer Stelle zu berichten sein wird.

Über dem Kettenhemd trägt der vollgerüstete

Albrecht von Hohenlohe, gest. 1325, Kloster Schöntal

Ritter in der 1. Hälfte des 14. Jahrhunderts einen hüftlangen Plattenrock wie Figur E2 bzw. F1 oder wie Figur E1 einen Schuppenpanzer. Nur noch selten kommt der ursprünglich aus Asien stammende altmodische Lamellenpanzer vor, der seit der Antike archäologisch nachgewiesen ist und bei dem die zahlreichen Plättchen (beim Wisby-Lamellenpanzer: 600) im Gegensatz zu den späteren Lentnern und Brigantinen nicht waagerecht sondern senkrecht angeordnet auch nicht aufgenietet, sondern aufgenäht oder derart mit Riemen untereinander verbunden sind, daß ein Trägermaterial überflüssig ist. Durch diese doppelte ‚Komposit'-Panzerung ist der Ritter des 14. Jahrhunderts der am schwersten gerüstete Krieger der abendländischen Militärgeschichte.

Johann von Berghe, ca. 1350
Abteikirche St. Matthias, Trier

Plattenröcke

Ein Plattenrock ist ein Körperpanzer, bei dem Eisen- bzw. Stahlplatten auf der Innenseite eines kurzen Rockes aus Leder und Stoff festgenietet sind. Von diesem Panzertyp gibt es im 14. Jahrhundert eine Vielzahl von Varianten, die sich voneinander durch die Größe und Anordnung der Platten und die Art des Verschlusses unterscheiden. Thordeman unterscheidet nach Art der Panzerplatten zwischen zwei Grundtypen: denen mit ausschließlich hochrechteckigen Platten und denen mit sowohl senkrechten als auch waagerechten Platten.[112] Bei den Wisby-Rüstungen sind diejenigen zahlenmäßig stärker vertreten, die ausschließlich mit vertikalen Platten versehen sind. In dieser Gruppe stellen wiederum diejenigen den größten Anteil, bei denen Bauch und Rücken lediglich durch eine einzige Reihe relativ langer und großer Platten geschützt werden. Diese Art ist aber sehr altertümlich und war zur Zeit der Schlacht von Wisby 1361 technisch längst überholt und auf dem europäischen Festland nicht mehr anzutreffen. Bei dieser Panzerart ist ein Beugen des Rumpfes kaum möglich und ein Einsatz zu Pferd fast ausgeschlossen.

Unter Einbeziehung der deutschen und schweizerischen Bodenfunde sowie kunstgeschichtlicher Erkenntnisse aus dem Studium von Plastiken und Buchmalereien ergibt sich aber ein anderes Bild. Danach werden beim Plattenrock in der Regel Bauch und Unterleib durch mehrere Halbreifen oder Spangen – mindestens zwei, meistens vier bis sechs – geschützt und lediglich die Brust durch zwei bis drei leicht gewölbte senkrechte Platten. Wegen der waagerecht angeordneten (Bauch-) Spangen spricht man beim Plattenrock in der einschlägigen Fachliteratur auch vom „Spangenpanzer". Die Seiten und der Rücken sind entweder (wie bei den Wisby-Funden) durch eine Reihe hochrechteckiger, von vorne nach hinten überlappender oder (wie bei den Funden aus Küssnacht) durch mehrere Reihen kleinerer querrechteckiger, von oben nach unten und von vorne nach hinten überlappender Platten gepanzert. Zahl und Größe der Platten bei den Wisby-Plattenröcken sind sehr unterschiedlich. Zählt man in einem Fall lediglich acht große Platten mit einer maximalen Größe von 50 x 15 cm, so kommt man in einem anderen Fall auf mehr als 200 kleine Platten mit einer maximalen Größe von 4 x 10 cm.[113] Ist die Schutzwirkung eines Spangenpanzers unabhängig von der Größe der einzelnen Platten, so erhöht sich mit der Anzahl der Platten die Beweglichkeit und der Tragekomfort – aber auch der Preis, welcher in nicht unerheblichem Maße von Anzahl und Material der verwendeten Nieten bestimmt wird.

Während die Platten der Wisby-Panzer mit einer Ausnahme von einfachen Eisennieten gehalten werden, sind die Platten oder Plättchen bei den Plattenröcken auf Rittergrabmälern aus dieser Zeit mit Ziernägeln aus Bronze oder Edelmetall so aufgenietet, daß die Zierköpfe von außen sichtbar sind. Aus Rechnungsbüchern französischer Fürsten aus dem 14. Jahrhundert weiß man, daß diese große Mengen massiv silberner oder vergoldeter Nieten für ihre Plattenröcke und Panzerhandschuhe geordert haben. Lage und Menge der Nieten

---

Erläuterungen zu TAFEL IX

1-3 Panzerrekonstruktionen nach Wisby-Funden

4 nach einer Darstellung auf dem Verdener Chorgestühl (vgl. Foto)

5-8 Panzerrekonstruktionen nach Wisby-Funden

TAFEL IX

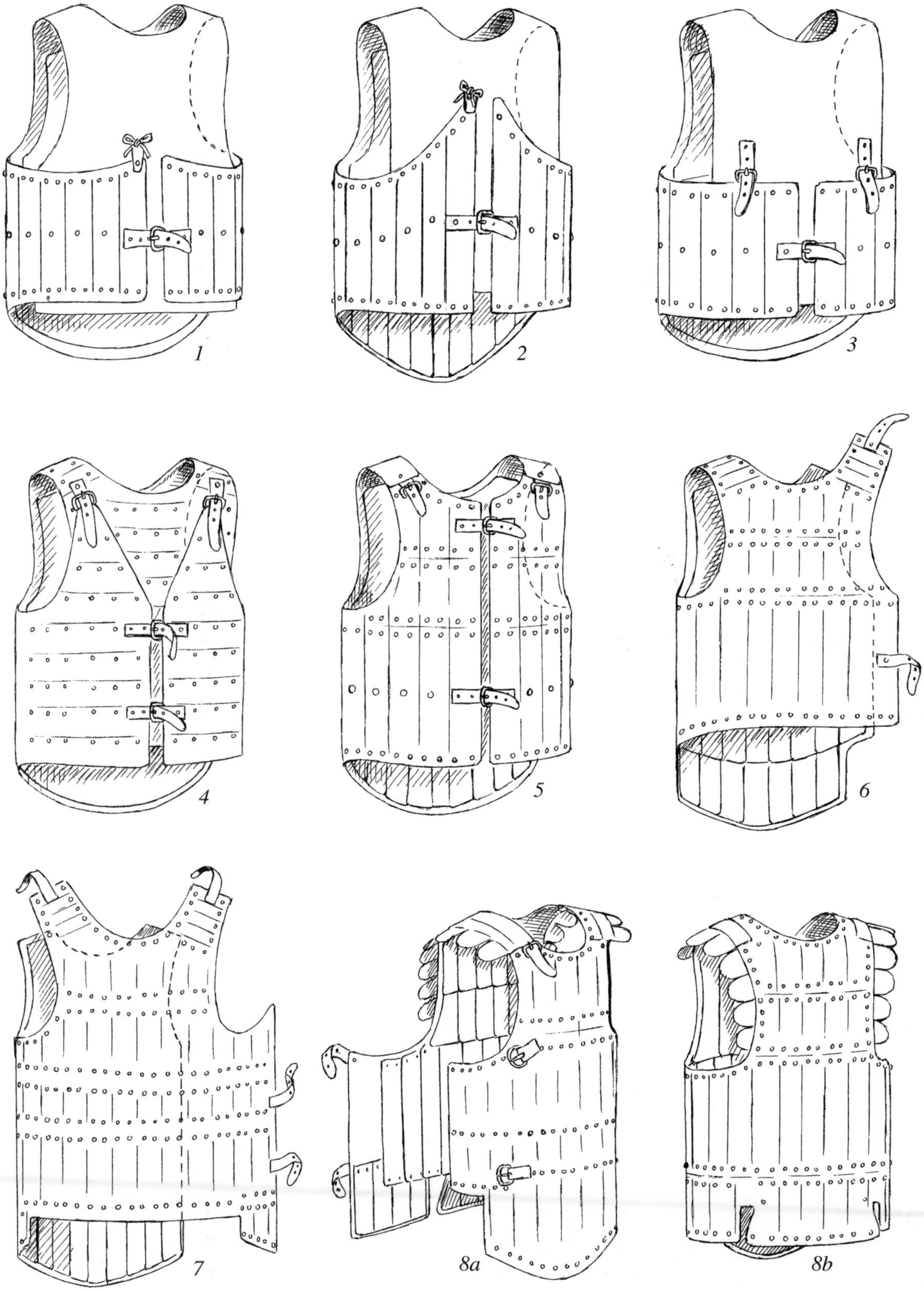

sind natürlich von der Zahl und der Anordnung der Platten abhängig. Da die Platten in der ersten Hälfte des 14. Jahrhunderts noch relativ groß sind, liegen die Nietreihen ziemlich weit auseinander. Wegen der im Vergleich zu einer Brigantine geringen Anzahl der Platten und des daraus resultierenden hohen Gewichts der einzelnen Platte ist die Belastung des Trägermaterials relativ hoch. Anders als bei einer Brigantine des 15. Jahrhunderts, wo viele kleine Plättchen mit noch mehr Nieten auf einem textilen Träger (meist Leinen mit Samtüberzug) befestigt wurden, ist deshalb bei einem Plattenrock des 14. Jahrhunderts von einem auf der Innenseite mit Leinen verstärkten Lederrock als Träger auszugehen. Stoff allein hätte das relativ hohe Zuggewicht der einzelnen Platten auf die Dauer nicht ausgehalten und wäre an den Nietlöchern ausgerissen; Leder allein hätte sich mit der Zeit so gedehnt, daß sich entweder die Nietlöcher geweitet und einzelne Platten auf diese Weise gelöst hätten oder sich der ganze Plattenrock in der Senkrechten gelängt hätte. Untersuchungen an erhaltenen Platten weisen auf eine Dicke des Trägermaterials von bis zu 3 mm hin.[114] Wegen des auf der Innenseite des Panzers kondensierenden Schweißes und der davon ausgehenden Rostgefahr waren die Platten in der Regel verzinnt.[115] Es gibt aber auch Quellen, die von verkupferten/vermessingten, versilberten und sogar von vergoldeten Platten sprechen.[116] Auffallend ist, daß viele der Panzerfunde (Wisby, Küssnacht, Tannenberg) keine Platten zum Schutz des Schlüsselbeins aufweisen. Vielleicht fürchtete man eine zu starke Einschränkung der Bewegungsfreiheit der Arme. Manchmal sind schmale Schulterplatten vorhanden, an denen mittels eines primitiven Scharniers

Chorgestühl im Dom zu Verden/Aller, ca. 1360

ein schild- oder lindenblattförmig getriebenes Teil befestigt ist, welches den Armansatz schützt. Auch bei dieser Art des Schulterschutzes bleibt das Schlüsselbein, das lediglich von Kettenhemd und Helmbrünne bedeckt ist, relativ ungeschützt. Nur gelegentlich finden sich auf Abbildungen (z. B. das Bopfingen-Grabmal) mit schmalen Metallplättchen besetzte Gurte, welche Vorder- und Rückenteil ähnlich wie bei den Kürassierpanzern des 19. Jahrhunderts miteinander verbinden.

Bei den Plattenröcken kann man aber auch nicht nur nach dem Plattenformat, sondern auch nach Schnitt und Verschluß unterscheiden. Hier gibt es zwei Grundarten, wobei die einen übergeworfen, die anderen angezogen werden. In der ersten Gruppe der Überwurf- oder „Poncho"-artigen gibt es solche, die auf beiden Seiten mittels Verschnürung oder Schnallriemen geschlossen wer-

---

Erläuterungen zu TAFEL X

Lamellenpanzer 1361, nach B. Thordeman

a	Vorderansicht	*c*	Rückenansicht
b	Eisenplatten	*d*	Schulterpartie

TAFEL X

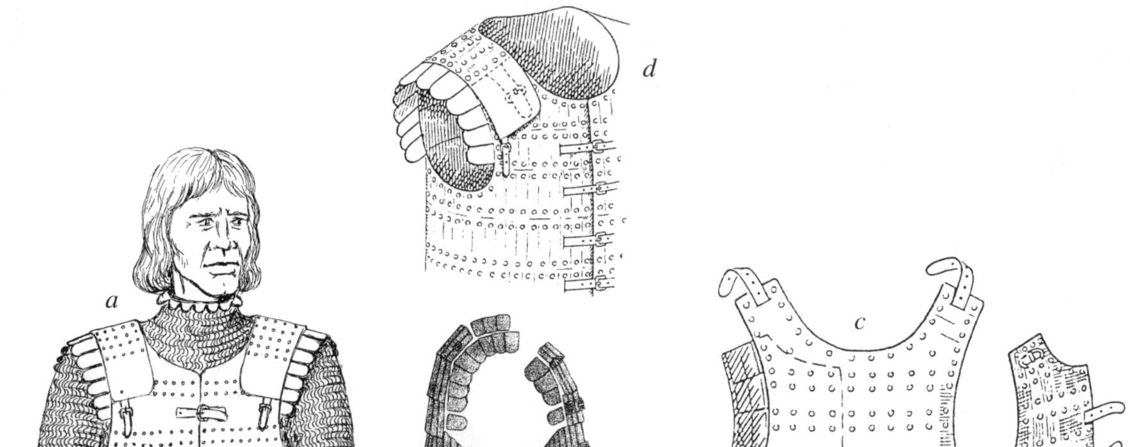

Rudolf von Sachsenhausen, gest. 1370, Grabmal im Frankfurter Dom

den, und solche, bei denen der Verschluß mittels Schnallriemen auf dem Rücken liegt. Diese Urform der „Platten" stammt noch aus dem 13. Jahrhundert und ist schon im letzten Band in zwei Varianten vorgestellt worden. Wie auf zeitgenössischen Darstellungen zu erkennen, waren anscheinend auch im 14. Jahrhundert die meisten der überwurfartigen Plattenröcke mit dem Rückenverschluß versehen, wobei die am Vorderteil befestigten, gepanzerten Seitenteile über das ungepanzerte Hinterteil des „Ponchos" auf den Rücken geklappt und dort verschnallt wurden.

Moderner ist die zweite Grundart von Plattenröcken, die wie eine Jacke angezogen werden, indem man zuerst mit einem Arm in ein Armloch schlüpft. Innerhalb dieser Gruppe treffen wir verschiedene Verschlußarten an: Rücken-, Seiten- und Vorderverschluß. In das erste Modell, das auf dem Rücken zugeschnallt wird, muß man wie in eine moderne Fechtweste von hinten hineinschlüpfen. Bei der nächsten Variante wird der auf der rechten Seite offene Plattenrock über das linke Armloch angezogen und auf der rechten Seite und der rechten Schulter zugeschnallt. Die dritte und modernste Form des Plattenrocks (vgl. Tafel X) ist mit vielen kleinen hochrechteckigen Lamellen gepanzert und wird wie später Lendner oder Brigantine auf der Vorderseite mit einer Reihe von Schnallen geschlossen.[117] Manchmal sind bei diesem Typ auch die Schulterpartien aufklappbar.

All diese Plattenröcke wirken relativ unförmig, da sie nicht tailliert sind und an ihren Trägern wie Tonnen herabhängen. Erst mit der Verwendung kleinerer, querrechteckiger Platten wird es möglich, den Plattenrock geschmeidiger und so figurbetonter zu machen, womit wir beim sogenannten Lentner/Lendner angelangt wären.

Erläuterungen zu TAFEL XI

Metallteile zu 2 Plattenröcken nach B. Thordeman

Abb. 1 entspricht der Abb. 1 auf Tafel IX

TAFEL XI

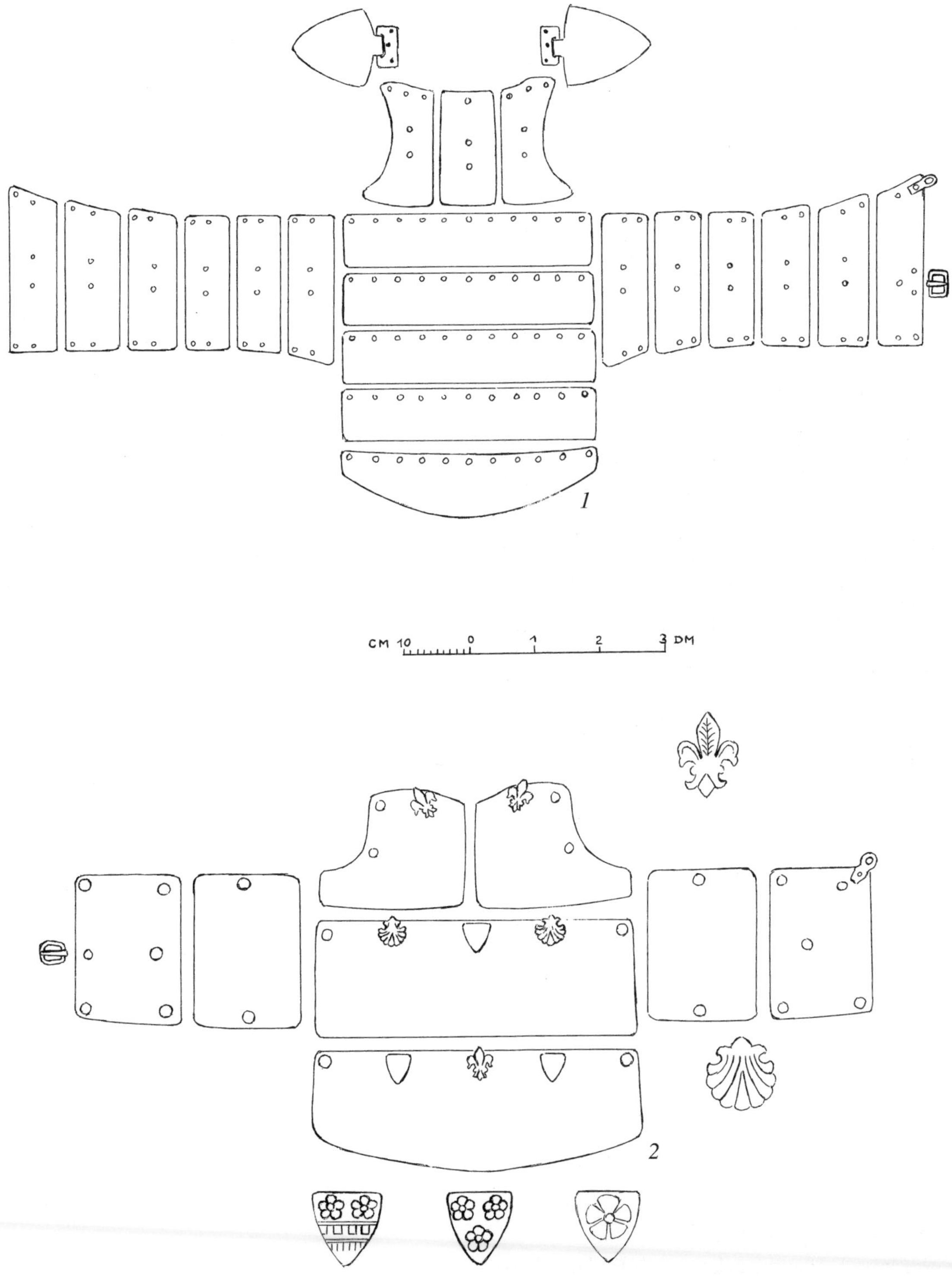

Deutsche Rüstungen ca. 1350 – 1370

TAFEL F

Im Unterschied zum eher tonnenförmigen Plattenrock weist der Lendner/Lentner eine körperbetonende, deutlich taillierte Silhouette auf. Sein erstmaliges Auftreten läßt sich zeitlich nicht exakt bestimmen, dürfte aber in den Jahren 1352 - 1360 liegen.[118] Das Wort selbst ist ein Beleg dafür, welchen Bedeutungswandel Wörter im Mittelalter erfahren konnten. Mit *lendenir* bezeichnet man ursprünglich den Lendengürtel, der die Ketten-Beinlinge (*isenhosen*) hielt. Wie man dazu kam, in den sechziger Jahren dieses Wort auf den taillierten Plattenrock zu übertragen, ist weder aus den zeitgenössischen Texten noch aus der wissenschaftlichen Literatur ersichtlich. Die körperbetonende Form und die im Vergleich zum Plattenrock größere Flexibilität des Lendners erforderte eine Verwendung kleinformatiger, größtenteils waagerechter Plättchen. Lediglich im Bereich der Brust und der Schulterblätter trifft man auch größere, zum Teil senkrecht angeordnete Platten an. Während Figur F1 noch einen Plattenrock trägt, ist Figur F 2 bereits mit einem solchen Lendner ausgestattet. Die Rekonstruktion ist eng angelehnt an die lebensgroße Figur des heiligen Georg auf dem Vorplatz der Prager Burg, die von ca. 1373 stammt.[119] Zusätzlich ist dieser – eine deutsche Besonderheit – auf der Außenseite mit einer großen ovalen Brustplatte versehen. Der Lendner wird meist auf dem Rücken mittels einer Reihe von Schnallen verschlossen.

Die Limburger Chronik berichtet unter dem Jahr 1371 von einer besonderen Variante: *Item in der selben zit da gingen an di Westfelischen lendenire. Di waren also, daz ritter, knechte und reisige lude furten lendenire, unde gingen an der brost ane, hinden uf den rucke hart zugespannnet unde wanten also vorne als di schopen lang was, unde was hart gesteppet, binach eines fingers dicke. Unde qwam daz uß Westfalenlande.*[120] Möglicherweise bezieht sich diese Beobachtung auf das Auf-

Johann von Brandscheit mit Lendner, ca. 1370
Stiftskirche Kyllburg

kommen von im Bauch- und Schoßbereich eng waagerecht gesteppten Wämsern, die lediglich im Brustbereich so glatt gewölbt sind, daß sich darunter eine oder mehrere gewölbte Brustplatte/n verbergen könnte/n. Ob diese westfälischen Lendner gar nicht, nur im Brustbereich oder überall gepanzert waren, läßt sich aufgrund der Beschreibung von Tilmann Elhen nicht entscheiden.

Über dem Plattenrock/Spangenpanzer trägt der deutsche Ritter in der ersten Hälfte des 14. Jahrhunderts einen Wappenrock. Dieser ist anfangs, wie im letzten Band auf Tafel H dargestellt, noch mehr als knielang, wird aber dann gemäß dem allgemeinen modischen Trend enger und kürzer und reicht um 1340 nur noch bis zur Oberkante der Kniebuckel. Wie in der zivilen Mode wird er durch eine Reihe von Geren so erweitert, daß er in reichen Falten fällt. Er ist vorne und an den Seiten geschlitzt und meist auf der linken Seite so geschnürt, daß er eng am Panzer anliegt. Daneben tritt vereinzelt ein kurzer Wappenrock auf, der auf den Faltenrock verzichtet, dafür aber einen gezaddelten Saum aufweist (vgl. Tafel E, Abb. 1).

Eine der Eigenarten des deutschen Rüstungsstils sind die drei bis vier Ketten, die am Brustpanzer angenietet sind und durch Schlitze im Wappenrock geführt werden.[121] An diesen Ketten sind Schwert und Dolch festgemacht. Auch für die zeitweilige Sicherung des Helmes ist eine Kette vorhanden, die an ihrem losen Ende mit einem Knebel oder T-förmigen „Haken“ versehen ist. Der Knebel wird bei Gefechtspausen in den kreuzförmigen Schlitz am unteren Rand des Topf- oder Kübelhelmes eingeführt und erlaubt es so, denselben abzunehmen und auf den Rücken herabhängen zu lassen. Wozu die auf manchen Darstellungen vorhandene vierte Kette diente, läßt sich nicht mit Bestimmtheit sagen. Ab ca. 1350 wird der Wappenrock immer seltener getragen. Der nun nicht mehr verdeckte Spangenpanzer wird deshalb stärker verziert, unter anderem durch einen andersfarbig eingefaßten, gelappten unteren Rand.

Arm- und Beinpanzerung

Während sich die Rumpfpanzerung eines deutschen Ritters kaum von der seiner europäischen Standesgenossen unterscheidet, findet man beim Arm- und Beinschutz eine Reihe von eigenständigen Lösungen, die sich allenfalls grob am italienischen Vorbild orientieren. Anders als in Frankreich, England und den sogenannten „Niederen Landen“ (Nordfrankreich, Belgien, Niederlande), wo man schon gegen Ende des 13. Jahrhunderts vielfach aus Eisen- oder Stahlplatten getriebene Schienen und Buckel zum Schutz der Gliedmaßen verwendet, verzichtet man in Deutschland weitgehend auf derart fortschrittliche Rüstungsteile. Bis zur Mitte des 14. Jahrhunderts können sich hier lediglich getriebene Kniebuckel und Plattenhandschuhe allgemein durchsetzen. Die Kniebuckel sind anfangs meist oval oder rund, mit oder ohne abgesetzten Rand, manchmal auch mit einem Mittelgrat versehen. Ab ca. 1340 wird in Deutschland ein Modell vorherrschend, dessen Rohform einer Ellypse mit abgeschnittenen Spitzen entspricht und mehrere (drei bis fünf) senkrechte Grate aufweist (vgl. Tafel E, Figur 2 und Abb. 13, Tafel F, Figur 2). Oft sind die Ränder der Kniebuckel mit einem festgenieteten, überstehenden Lederstreifen unterlegt, welcher unterschiedliche Schnittmuster aufweisen kann: gezackt, gebuchtet, gelappt, linden- oder kleeblattförmig ausgeschnitten.

In der Häufigkeit an zweiter Stelle hinter den Kniebuckeln folgen die Beinschienen, bei denen es verschiedene Modelle gab. Vergleichsweise früh trug man in Deutschland komplette Unterschenkelröhren aus Eisen oder gehärtetem Leder (frz. *cuir bouilli*).[122] Beide Typen sind auf den Miniaturen des sogenannten 1. Nachtragsmalers der Manessischen Liederhandschrift zu finden, auf Tafel 63 (Albrecht von Rapperswil) die stählernen und auf Tafel 128 (Der Dürner) die ledernen. Die ledernen waren wohl häufiger anzutreffen; denn die Limburger Chronik beschreibt die Beinpanzerung für das Jahr 1350 wie folgt: *Auch furten si beingewant, das waren roren von leder gemachet als armeleder von sarocken gestippet unde iserne bockele vur den knien.* Die Lederröhren waren trotz ihrer Härtung so elastisch, daß sie zum Anziehen aufgebogen werden konnten. Sie wurden entweder auf der Rückseite verschnallt oder auf der Innenseite mit einem schmalen Riemen verschnürt. Ab den vierziger Jahren treten mit Metall verstärkte Beinschienen auf, die das Bild bis in die sechziger Jahre beherrschen. Hierbei dominiert ein Modell, bei dem sich schmale Metallschienen mit Reihen großköpfiger Nieten abwechseln (Tafel E, Abb. 14). Solche Schienen trägt sowohl der 1349 gestorbene Gegenkönig Günther von Schwarzburg auf seinem Grabmal im Frankfurter Dom als auch der 1351 gefallene Hartrad von Schönecken in der Abteikirche von St. Matthias bei Trier (Tafel E, Abb. 2). Daß selbst die Beinschienen nicht zur Standardausrüstung zählten, beweist ein zweites Grabbild aus derselben Kirche, welches einen Ritter von Berg an der Obermosel darstellt, der im gleichen Jahr gestorben ist wie Hartrad. Obwohl die Skulptur vom selben Bildhauer stammt und bis auf das Wappen fast identisch ist mit ihrem Gegenstück, fehlen hier die Beinschienen. Wie auf einer ganzen Reihe vergleichbarer Grabfiguren aus dem deutschen Sprachraum (incl. Nordschweiz und Elsaß) sind die Beine hier lediglich durch ein Paar Kettenstrümpfe geschützt. Die Limburger Chronik spricht davon, daß viele Reisige gar keine Beinpanzerung, sondern lediglich über ihren Beinlingen (*strichhosen*) hohe Lederstiefel (*groβe wide lersen*) trugen.[123] Die stählernen Beinröhren, im Reichsgebiet erstmals um 1300 erwähnt bzw. abgebildet, bestanden aus zwei Hälften, die auf der Außenseite mit Scharnieren versehen waren und auf der Innenseite mit Schnallriemen verschlossen wurden. Sie kommen auf Abbildungen aus der ersten Hälfte des 14. Jahrhunderts nur relativ selten vor, so in der Oxforder Handschrift des Alexanderromans um 1340, an den Skulpturen von zwei Grabwächtern in der Nikolauskirche in Hagen und an einer weiteren im Straßburger Dommuseum, alle um 1350.[124]

Oberschenkelschützer, sog. Diechlinge waren überall in Europa meistens aus weichem Leder oder Stoff. Sie sind überwiegend in regelmäßigen Abständen mit Ziernieten besetzt. Ob diese auf der Innenseite irgendwelche eisernen Plättchen halten, kann nicht mit Bestimmtheit behauptet werden. Solche aus gehärtetem Leder oder Stahl sind auf zeitgenössischen Darstellungen aus dem mitteleuropäischen Raum (Deutsches Reich und angrenzende Regionen) nur äußerst selten zu erkennen. Die beiden auf Tafel F gezeigten Varianten basieren zum einen auf einer Miniatur aus der bereits erwähnten Oxforder Handschrift des Alexanderromans und der ebenfalls bereits angeführten Steinfigur eines Grabwächters aus der Nikolauskirche in Hagenau (Elsaß).[125] Bei beiden Abbildungen verschwindet der obere Rand der Oberschenkelschützer unter der Rumpfpanzerung, so daß wir nicht exakt sagen können, wie hoch die Diechlinge damals reichten. Viollet le Duc ging davon aus, daß sie zu dieser Zeit nur bis zur Mitte des Oberschenkels gingen.

Ähnlich konservativ wie bei der Beinpanzerung verhielten sich die deutschen Ritter beim Schutz der Arme. Auch hier dominierte nach wie vor das Kettengeflecht. Viele Ritter trugen noch bis zur Jahrhundertmitte und darüber hinaus Kettenhemden mit langen Ärmeln.[126] Daneben gab es aber auch seit den zwanziger Jahren Ärmel, die nur noch bis zum halben Unterarm reichten. Darunter wurden Unterarmröhren aus Eisen oder gehärtetem, mit Metallschienen verstärktem Leder getragen. Entweder man verzichtete in dieser Zeit auf getriebene Buckel zum Schutz der Ellenbogen (die sog. Armkacheln) und Schultergelenke und begnügte sich mit aufgebundenen runden Stahlscheiben und/oder Ailetten[127], oder man trug diese Eisenbuckel unsichtbar unter dem Kettenhemd. Eine Stelle in der Limburger Chronik für die Jahre 1350/51 verrät ein weiteres auf Abbildungen unsichtbares Detail: *Item di underwamse hatten enge armen unde in dem gewerbe waren sie benehet unde behaft mit stucken von panzern, daz nante man musisen.*[128] Demnach hätte man in Deutschland unter den Platten ein Steppwams getragen, welches an den Ärmeln mit Panzerstücken (= Kettengeflecht ?) benäht war. Noch seltener als Armkacheln zum Schutz der Ellenbogen waren Oberarmschienen, die nördlich der Alpen erst in den vierziger Jahren und dann meist in ähnlicher Machart auftreten wie die Unterschenkelröhren: aus gehärtetem Leder und abwechselnd mit Metallschienen und Reihen großköpfiger Nieten besetzt. Ein komplettes Armzeug aus mit Schienen und Knöpfen besetzten Röhren, kombiniert mit getriebenen Ellenbogenkacheln trägt die bereits erwähnte Figur Günthers von Schwarzburg. Da die Metallteile auf dem Grabmal goldfarben sind, könnten sie im Original sehr wohl auch aus vergoldeter Messingbronze bestanden haben. Durch Bodenfunde aus Deutschland und Schweden ist belegt, daß dieses Material für Armkacheln sowie Plattenhandschuhe und wahrscheinlich auch für andere Rüstungsteile benutzt wurde.[129] Da die Schultergelenke und die obere Hälfte der Oberarme wie auf den meisten Darstellungen bis zur Jahrhundertmitte von den Scheinärmeln des Waffenrockes verdeckt werden, läßt sich nicht mit Bestimmtheit sagen, ob sich darunter irgendwelche Kappen aus Metall oder Leder verbergen.

Panzerhandschuhe

Obwohl separate Panzerhandschuhe seit dem Ende des 13. Jahrhunderts nachweisbar sind, bleiben angesetzte Kettenfäustlinge in der deutschen Rüstung bis in die zwanziger Jahre vorherrschend. Erst in den dreißiger Jahren mehren sich auch hier die Abbildungen von separaten Fingerhandschuhen mit breiten Stulpen, bei denen die Art der Panzerung allerdings meistens unklar bleibt, da sie unter einer Deckschicht aus Leder oder Stoff verborgen ist und nur bei einem größeren Abbildungsmaßstab durch Punkte (für die Nieten) angedeutet wird. Auf einigen frühen (ab ca. 1320), eher seltenen Darstellungen kann man aber auch Handschuhe mit außen liegenden, getriebenen Platten feststellen. Daneben existieren diverse Mischformen, bei denen Platten mit Kettengeflecht oder cuir-bouilli kombiniert sind.

Um 1350 gehören dann Plattenhandschuhe auch in Deutschland zur Standardausrüstung, wobei aber ältere Modelle immer noch getragen werden. Obwohl sich die Panzerhandschuhe in ihrer Beweglichkeit und ihrer Schutzwirkung gegenüber den Vorgängermodellen weiterentwickelt haben, besteht in der Regel immer noch keinerlei direkte Verbindung der einzelnen Handschuhplatten untereinander, sondern die Einzelteile werden durch Lederriemen oder das Deckmaterial zusammengehalten. Es gibt allerdings eine Ausnahme, die sowohl bildlich als auch archäologisch nachgewiesen ist: eine halbstarre Verbindung von Daumenwurzelplatte und erster Daumenplatte mittels zweier lockerer Nieten. Diese Lösung findet sich auf dem Grabbild des Ulrich von Werdt und einem Handschuh aus den Funden von Wisby. Erst bei den Panzerhandschuhen des 15. Jahrhunderts wird das Geschübe von Stulpe, Handgelenkspangen und Mittelhandplatte durch Gleitnieten verbunden. Um 1360 gibt es zwei große Modellgruppen, die sich anhand von Abbildungen auf Grabmälern und von Bodenfunden, insbesondere derjenigen von Wisby, sehr gut verfolgen lassen. Da gibt es zum einen die Handschuhe, bei denen die Platten außen liegen, und zum anderen diejenigen, bei denen die Platten ganz oder teilweise unter einer Leder- oder Stoffschicht verborgen sind. Die zweite Gruppe ist unter den Wisby-Funden zwar zahlenmäßig stärker vertreten, doch sagt dies nichts über die Gewohnheiten auf dem Festland aus. Obwohl bei Bodenfunden das organische Material längst vergangen ist, kann man Bodenfunde anhand der Nieten trotzdem recht einfach der einen oder anderen Gruppe zuordnen. Außenliegende Platten sind – abgesehen von den Fingerplättchen – in der Regel größer, ihre relativ wenigen Befestigungsnieten meist von außen unsichtbar und so angebracht, daß sie auf der Innenseite weiter abstehen. Innenliegende Platten sind kleiner und dicht mit einer Vielzahl (teilweise mehrere hundert Nietcn an einem Handschuh) von Nieten besetzt, die auf der Außenseite weiter abstehen. Am rekonstruierten Handschuh ergibt sich dadurch ein dekoratives Muster von blanken Nietköpfen auf farbigem Leder oder Stoff. Manche Bodenfunde weisen Platten sowohl der einen als auch der anderen Art auf. In diesen Fällen sind meist die vorstehenden Fingergelenke und die Faustknöchel durch außenliegende Platten geschützt (vgl. Tafel F, Abb. 12). Die größte Fläche hat bei beiden Grundarten in der Regel die Handrücken- oder Knöchelplatte. Bei späteren Modellen mit trichterförmiger Stulpe besteht diese stets aus zwei Teilen, die meist mittels Scharnier miteinander verbunden sind (und nicht wie beim Sanduhrtypus aus einem Stück). Der Wulst bei den beiden Handschuhen 9 und 10 auf s/w-Tafel XII markiert also keine starre Verbindung, sondern überdeckt lediglich die Trennstelle zwischen Handrückenplatte und äußerer Stulpenplatte. Die Finger sind entweder mit einer Reihe gleichförmiger Schuppen bedeckt, welche einander dachziegelartig überlappen (Nr. 3, 6, 9 und 12), oder durch rinnenartige Plättchen für die Fingerknochen und kleine Buckeln für die Fingergelenke (Nr. 4, 5, 7, 8, 10, 11, 13 und 14) geschützt.

Abgesehen von diesen beiden Grundmodellen gab es, wie bereits erwähnt, eine Vielzahl von alternativen Lösungen, die auch andere Materialien wie Kettengeflecht oder Leder in Kombination mit Metallplatten verwendeten. Die zeitgenössischen Abbildungen zeugen davon, daß wohl mit keinem anderen Rüstungsteil so viel experimentiert wurde wie mit den Panzerhandschuhen. Der fälschlicherweise oft mit Rüstungen der 1. Jahrhunderthälfte dargestellte Sanduhrglas-Typ, bei dem die einteilige Handplatte und die trichterförmige Stulpe fest miteinander verbunden sind, kommt hingegen erst gegen Ende des Betrachtungszeitraumes vereinzelt – quasi als Prototyp – auf. Unter den Wisbyer Bodenfunden, immerhin 20 mehr oder weniger komplett erhaltene Typen von Plattenhandschuhen aus der Zeit vor 1361, kommt er kein einziges Mal vor! Erst ab ca. 1370 werden Handplatte und Stulpe aus einem Stück getrieben.

Zur Verdeutlichung der Typenvielfalt dient die s/w-Tafel XII mit 14 Panzerhandschuhen, die entweder nach zeitgenössischen Kunstdenkmälern (meist Grabbildern) oder Bodenfunden rekonstruiert wurden. Oberstes Kriterium war dabei die Funktionstüchtigkeit, die wesentlich von der Beweglichkeit des Daumens abhängig ist, da die Hand ja nicht nur einen Schwertgriff, sondern auch einen wesentlich dickeren Lanzenschaft greifen können muß. Die erste Reihe zeigt Typen, die in Deutschland um 1345 gebräuchlich waren, zum Teil aber wesentlich älter sind. Von diesen gehört der erste Handschuh einer Grabwächterfigur aus der Nikolauskirche in Hagenau (Elsaß); die übrigen stammen von einer Grabwächtergruppe aus dem Freiburger Münster, wobei der vierte Freiburger Grabwächter einen – bis auf die Stulpe – ganz

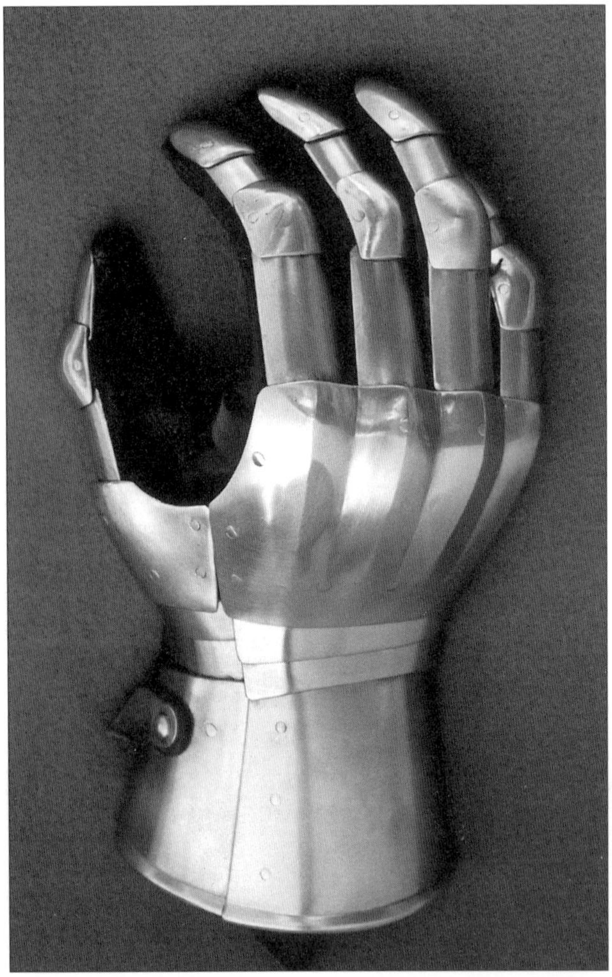

Panzerhandschuh im englischen Stil, ca. 1325 - 1350

TAFEL XII

1

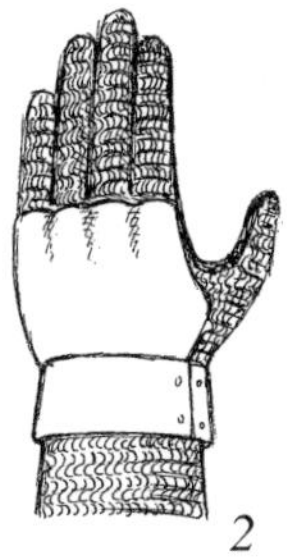
2

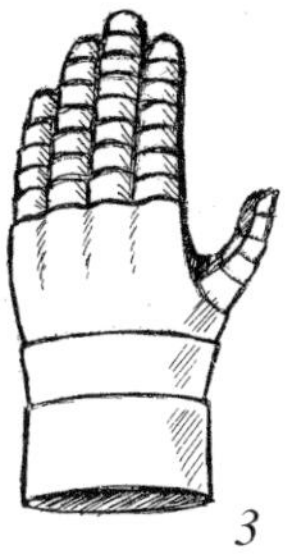
3

4

5a

5b

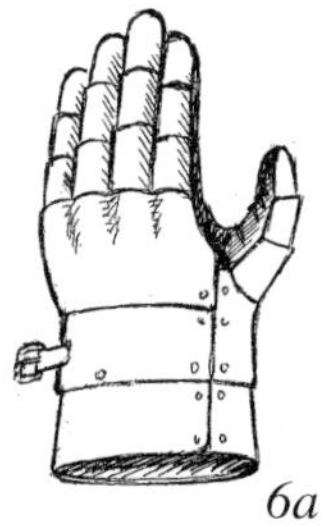
6a

6b

6c

7

8

9

10

11

12

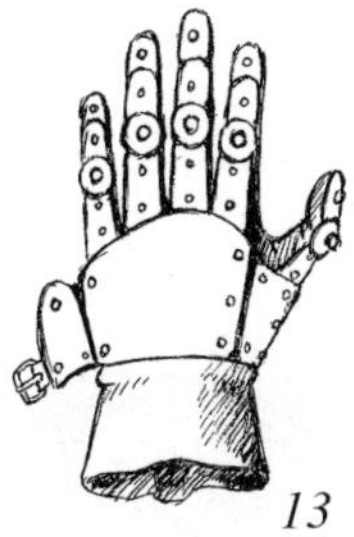
13

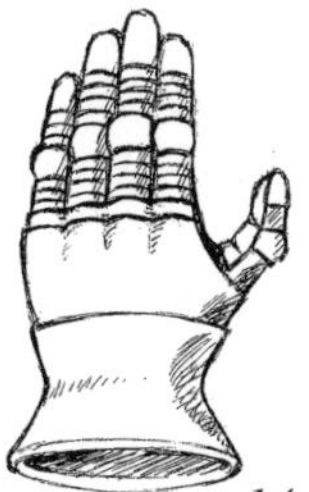
14

Johann von Berghe, ca. 1350
Abteikirche St. Matthias, Trier

ähnlichen Panzerhandschuh trägt wie unter Nr. 1 abgebildet. Das Vorbild von Abb. 5 a und 5 b ist das Grabbild von Prince John of Eltham in der Westminster Abbey, London, das auf Ende der dreißiger Jahre des 14. Jahrhunderts datiert wird. Der folgende Handschuh (Abb. 6 a, b, c) ist nach dem Grabbild des elsässischen Landgrafen Ulrich von Werdt in der St. Wilhelms-Kirche in Straßburg rekonstruiert, welches kurz nach 1344 entstanden ist. Nr. 7, der Nr. 5 recht ähnlich, stammt ebenfalls aus England. Seine Vorlage, ein nicht genauer bezeichnetes Grabbild, welches sich heute im Victoria-and-Albert-Museum in London befindet, dürfte aus den vierziger Jahren stammen. Bei Nr. 8, nach dem Grabbild von John Leverick, Kent, hat der Autor gegenüber der Originaldarstellung eine Änderung bei der Knöchelplatte vorgenommen, da der Handschuh ansonsten wegen der fehlenden Möglichkeit, den Daumen abzuspreizen, nicht funktionsfähig gewesen wäre. Nr. 9 gehörte dem 1349 verstorbenen deutschen Gegenkönig Günther von Schwarzburg, 1352 begraben im Frankfurter Dom, und war wahrscheinlich im Original aus vergoldeter Bronze gefertigt.[130] Das Vorbild für Nr. 10 sind die Handschuhe, die Graf Hugo von Orlamünd auf seinem Grabbild von 1346 trägt (vgl. auch Tafel F, Nr. 1); man beachte hier die aufwendig getriebenen Stulpen. Handschuhe wie Nr. 11 trägt einer der beiden Ritter aus dem Chorgestühl des Domes von Verden an der Aller (vgl. Foto), datiert auf ca. 1370. Handschuh Nr. 12 (Thordeman Nr. 2), nach einem Grabungsfund aus Wisby, ist der einzige auf dieser Tafel, der im Original ganz mit Leder oder Stoff bedeckt war. Er besteht aus nicht weniger als 106 Platten, die mit 650 Nieten auf der Innenseite des Trägermaterials befestigt waren. Die Nieten sind hier aus Eisen, könnten aber auch aus Silber sein. Der französische Waffenhistoriker Charles Buttin berichtet von einer Rechnung von 1352, ausgestellt von den Silberschmieden des französischen Königs über die Lieferung von 1200, 1000 und 860 Silbernieten für drei Paar Panzerhandschuhe.[131] Handschuh Nr. 13 (Thordeman Nr. 1) besitzt keine Stulpe aus Metall, sondern lediglich eine aus Leder. Der letzte Handschuh Nr. 14 stammt vom Grabbild des Prinzen Christoph von Dänemark (gest. 1363) in der Kathedrale von Roskilde. Er stellt die direkte Vorstufe zum Sanduhrglastypus dar, insofern hier die Stulpe und der untere Teil des Handrückenschutzes bereits zu einem Teil verschmolzen sind.

Ritter mit Panzerhandschuhen

Helme

Die schon zu Ende des 13. Jahrhunderts bekannten drei Helmtypen – Topfhelm, Beckenhaube und Eisenhut – wurden in der 1. Hälfte des 14. auch weiterhin getragen, wobei der bis dahin in der ritterlichen Ausrüstung dominierende Topfhelm allerdings mehr und mehr von der Beckenhaube verdrängt wurde. Um 1350 verschwand er dann ganz aus der Kriegsrüstung und behauptete sich nur noch als sog. Stechhelm beim Turnier. Der Eisenhut, eigentlich ein „knechtischer" Kopfschutz, konnte sich hingegen als Ersatzhelm für bestimmte Einsatzzwecke und -gebiete auch in der ritterlichen Ausrüstung behaupten. Während er im 13. Jahrhundert noch aus mehreren Segmenten zusammengesetzt war, wurde er jetzt meist aus einem Stück getrieben und oft mit einer stumpfen Spitze versehen, so daß Schwerthiebe besser abglitten.

Beim Topfhelm war eine wesentliche Änderung schon gegen Ende des 13. Jahrhunderts vollzogen worden. Weil sich der flachscheitelige gegenüber von oben geführten Hieben mit dem Streitkolben als wenig widerstandsfähig erwiesen hatte, wurde die Scheitelplatte nun konisch oder sphärisch gewölbt oder gleich die ganze obere Helmhälfte als Schale in einem Stück getrieben. Dadurch glitten nun solche Schläge an der Rundung ab, ohne größeren Schaden anzurichten. Topfhelme mit runder Kalotte sind bildlich vielfach ab den 1290er Jahren belegt; erhalten hat sich ein stark korrodiertes Exemplar von ca. 1330 aus Küssnacht/Nordschweiz, welches im Schweizerischen Landesmuseum Zürich ausgestellt ist. Dieses Modell ist am Scheitelpunkt mit einer aufgenieteten Tülle versehen, die offensichtlich für die Anbringung einer Helmzier gedacht war. Allgemein kann man die meisten Topfhelme des 14. Jahrhunderts von ihren Vorgängern dadurch unterscheiden, daß sie einen größeren Durchmesser aufweisen und oberhalb des Sehschlitzes höher sind, sich zum oberen Rand stärker verjüngen und eine stärker gewölbte Scheitelplatte aufweisen.

In der Fachliteratur gibt es einen seit Jahrzehnten andauernden Disput, ob überhaupt und – wenn ja – wie lange im 14. Jahrhundert der Topfhelm in der Schlacht getragen wurde. Wenn man davon ausgeht, daß der Spangenpanzer fast ausschließlich im Krieg und nur selten beim Turnier getragen wurde, ist die Knebelkette ein wichtiges Indiz für das Tragen des Topfhelmes in der Schlacht. Solange eine dritte Kette für seine Befestigung an der Rüstung vorhanden war, so lange wurde wahrscheinlich auch der Topf- bzw. Kübelhelm in der Schlacht getragen. Beim Turnier war sie verzichtbar; denn dort stand immer ein Knappe zur Verfügung, dem man in einer Pause den Helm übergeben konnte.

Was über den relativ kompakten Topfhelm des 13. Jahrhunderts im vorangegangenen Band bereits geschrieben worden ist, trifft natürlich umso mehr für den größeren und schwereren Kübelhelm des 14. Jahrhunderts zu: Er bot zwar optimalen Schutz, behinderte aber Sicht und Atmung so sehr, daß er eigentlich nur bei der ersten Attacke mit eingelegter Lanze sinnvoll einzusetzen war. Im Handgemenge mit Schwert und Streitkolben war er hingegen eher hinderlich. Um diesem Problem abzuhelfen, verfiel man auf zwei unterschiedliche Lösungen. Die eine war der mit einem aufklappbaren Visier versehene Topfhelm, die andere die mit einem Gesichtsschutz versehene Beckenhaube.

Der Topfhelm mit aufklappbarem Visier ist allem Anschein nach in der 2. Hälfte des 13. Jahrhunderts in Italien erfunden worden, was zweifelsohne mit den dortigen klimatischen Bedingungen zusammenhängt.[132] Darstellungen aus weiter nördlich gelegenen Regionen stammen aus der Zeit um 1300. Die wichtigste deutsche Quelle für diesen Helmtyp ist der um 1340 entstandene Bilderzyklus im Codex Balduineus, der allerdings den Romzug König Heinrichs VII. in den Jahren 1312 - 13 darstellt. Auf allen Abbildungen ist das Visier mittels zweier in Schläfenhöhe angebrachter Drehbolzen befestigt. Es ist also nicht korrekt, wenn manche Autoren diese Befestigungsart mit dem Aufkommen des Hundsgugelvisiers um 1370 in Verbindung bringen und das Stirnscharnier zur älteren Arretierung erklären. Unterschiedlich ist die Gestaltung des Visiers. Einmal besteht es lediglich aus einer schiffsbugförmig abgewinkelten Platte, die zum unteren Rand der Helmkalotte soviel Platz läßt, daß dadurch ein Visierschlitz entsteht (vgl. Tafel H, Abb. 4); ein anderes Mal ist es ein komplettes Visier, welches über die Stirnpartie des Helmes hinaufreicht und mit zwei waagerechten oder mehreren senkrechten Sehschlitzen (vgl. Tafel G, Abb. 7) versehen ist. Diese Visierart ist oft noch durch aufgenietete Spangen verstärkt, die bisweilen in lilienförmige Verzierungen auslaufen. Das heruntergeklappte Visier verbirgt meist einen schildförmigen oder halbrunden Gesichtsausschnitt. Bei manchen Visierhelmen, vor allem solchen mit kalottenförmigem Oberteil, fehlt aber das den Kinnbereich deckende Verbindungsstück zwischen rechter und linker Helmwand, so daß wir es eigentlich mit einer Beckenhaube zu tun haben, die nur mit geschlossenem Visier den Eindruck eines Topfhelms erweckt. Eine Beckenhaube mit seitlich befestigtem Visier trägt ein gestürzter Ritter auf einer Misericord am Chorgestühl des Kölner Doms.[133]

Der Vorteil des Visierhelmes liegt darin, daß man auf dem Marsch und in Gefechtspausen die Behinderung von Sicht und Atmung vermeiden und doch durch Herabklappen des Visiers sofortige Gefechtsbereitschaft für die Lanzenattacke herstellen kann. Andererseits stört das aufgeklappte Visier beim Fechten mit dem Schwert; es kann sogar für seinen Träger zur Gefahr werden, wenn es durch einen gegnerischen Schlag nach unten fällt und dabei nicht sofort die Sehschlitze freigibt, wodurch dem Kämpfer zeitweise die Sicht geraubt wird. Trotz dieses Nachteils wurde dieser Helm anscheinend auch zum Schwertkampf nicht abgenommen. Da er somit eine Art „Mehrzweck- oder Universalhelm“ darstellte, wurde darunter im allgemeinen auch keine Hirnhaube, sondern lediglich die Kettenkapuze getragen. Dieser Visierhelm konnte sich in Italien und Frankreich bis in die 2. Hälfte des 14. Jahrhunderts behaupten und wurde erst durch die Hundsgugel endgültig abgelöst.

Die größere Geräumigkeit des sog. „Kübelhelmes“ erlaubte es, darunter eine hochgewölbte Beckenhaube zu tragen, während unter dem flachscheiteligen Topfhelm allenfalls eine eng anliegende Kalotte Platz gefunden hatte. Diese ursprüngliche Beckenhaube, auch Hirnhaube genannt, ist auf den Abbildungen des 13. Jahrhunderts meist unsichtbar, weil sie sich – wenn überhaupt getragen – unter der Kettenkapuze bzw. Kettenhaube verbarg. Wie praktische Versuche gezeigt haben, ist es aber recht unbequem, übereinander drei metallene Kopfbedeckungen zu tragen: Kettenkapuze bzw. -haube, Hirnhaube und Topf- bzw. Kübelhelm. Außerdem wird der Schädel bereits durch Beckenhaube und Topfhelm ausreichend geschützt, so daß man um 1310 vielfach dazu überging, den oberen Teil der Kettenhaube wegzulassen und nur den unteren Teil als sog. Helmbrünne direkt an der Beckenhaube zu befestigen.[134] Dies geschah, indem man die oberste Ringreihe entweder direkt am Helmrand befestigte oder in einen am Helmrand angenieteten Lederstreifen einhakte. Da es aber für Reinigungszwecke praktischer ist, wenn sich das Ringelgeflecht vom Helm leicht trennen läßt, ging man bald dazu über, die Helmbrünne nicht mehr fest an der Kalotte anzubringen, sondern sie mit einer Art Schnellverschluß zu versehen: Dazu wurden am unteren Helmrand waagerechte Röhrchen oder Kloben angenietet, über die man den Lederstreifen der Helmbrünne zog und anschließend durch eine Schnur oder Draht sicherte. Es ist schwer, einen halbwegs genauen Zeitpunkt für den Wechsel in der Befestigungsart anzugeben, da die zeitgenössischen Buchillustrationen gerade bezüglich dieses Details meist stark stilisiert sind. Trotzdem gibt es Miniaturen aus der Zeit um 1325, bei denen die Art der Darstellung auf eine abnehmbare Helmbrünne hinweisen. Die ältesten eindeutigen Belege für die abnehmbare Variante sind vollplastische, lebensgroße Grabbilder von gerüsteten Rittern aus der Zeit zwischen 1335 und 1346.[135] Man kann daher davon ausgehen, daß die abnehmbare Helmbrünne zwischen 1320 und 1330 erfunden wurde. Daneben hat aber die ältere, feste Variante anscheinend noch bis in die 1340er Jahre weiterhin bestanden.

Die hochgewölbte Beckenhaube, die zwischen Helmdach und Schädeldecke eine genügend große ‚Knautschzone‘ ließ, bot die Möglichkeit, den Kübelhelm bei der ersten sich bietenden Gelegenheit abzunehmen und trotzdem am Kopf ausreichend geschützt den Kampf mit Schwert und Streitkolben fortzusetzen. Sie hatte allerdings den Nachteil, daß sie das Gesicht ungeschützt ließ, wodurch besonders die Nase gefährdet war. Wie bedroht dieses Körperteil nach Abnahme des Topfhelms war,

Beckenhaube mit Nasal, ca. 1330

hatte schon Walram von Valkenburg in der Schlacht von Worringen 1288 erfahren: Nachdem er im Verlauf des Gefechts seinen Topfhelm abgenommen hatte, erwischte ihn ein Schwerthieb so unglücklich, daß die Nase fast völlig abgetrennt wurde und nur noch an einem Hautfetzen hing. Er ließ sich daraufhin die Nase mit einem Tuch festbinden und setzte den Kampf trotz dieser schmerzhaften Verletzung fort. Mit einem Nasal wäre ihm diese Erfahrung erspart geblieben.

Dieses wurde allerdings erst rund ein Dutzend Jahre später wieder eingeführt. Der erste Beleg ist eine konische Beckenhaube mit Nasal aus der Zeit um 1300, die sich heute im Schweizerischen Landesmuseum Zürich befindet. In der Literatur wurde dieser Helm bislang meistens auf ca. 1350 datiert, da man davon ausging, daß das abnehmbare, dreikantig getriebene Nasal erst um die Mitte des 14. Jahrhunderts erfunden wurde. Seitdem man aber in Zürich ein Wandgemälde aus der Zeit um 1300 freigelegt hat, auf dem genau dieser Helmtyp dargestellt ist, muß man diese Auffassung revidieren.[136]

Das abnehmbare Nasal wurde auf verschiedene Weise am Helm befestigt. Die einfachste, aber auch unzuverlässigste Form war ein einfacher Haken. Später wurde zusätzlich ein drehbarer Sicherungsflügel angebracht, der verhinderte, daß das Nasal vom Haken rutschte, wobei die Verbindung allerdings relativ locker blieb. Am sichersten ist erwiesenermaßen die Befestigungsart, welche der Schmied des bereits erwähnten Schweizer Helmes gewählt hat. Dabei weist das Nasal am oberen Ende zwei Öffnungen auf und der Helm an entsprechender Stelle einen Stift sowie einen drehbaren Sperrflügel, wodurch eine absolut starre und feste Verbindung der beiden Teile gewährleistet wird (Tafel E, Abb. 11 b).

Unverständlicherweise blieb die Beckenhaube mit Nasal bis in die vierziger Jahre des 14. Jahrhunderts eher die Ausnahme. Auf den meisten Abbildungen dieser Zeit, sowohl Miniaturen als auch lebensgroße Grabbilder, fehlt dieser praktische Nasenschutz. Ab den dreißiger Jahren kam, vor allem in Deutschland und Italien, eine Ersatzlösung auf, die darin bestand, daß man die Helmbrünne am unteren Rand der Gesichtsöffnung mit einem schmalen dreieckigen Zipfel aus Kettengeflecht versah, der über die Nase gezogen und an einem Haken, der frontal am oberen Helmrand saß, befestigt wurde. Allerdings schützte diese Art nur vor Schnittverletzungen und nicht vor schmerzhaften Prellungen.

Noch seltener als die Beckenhaube mit Nasal ist auf zeitgenössischen Abbildungen vor 1360 die Beckenhaube mit Klappvisier anzutreffen. Obwohl – wie wir gesehen haben – das Klappvisier bereits seit der 2. Hälfte des 13. Jahrhunderts bekannt war, konnte sich die Beckenhaube mit Visier gegenüber der lediglich mit einem Nasal ausgestatteten Variante erst nach 1360 allgemein durchsetzen. Dabei waren die Visiere meist nur leicht gewölbt und mit einem einzigen Scharnier auf der Helmstirn befestigt. Weshalb man anfänglich dieser relativ wackligen Befestigungsart den Vorzug zu der bereits bekannten Anbringung mittels zweier seitlich angebrachter Drehbolzen gab, bleibt unklar. Möglicherweise hat es etwas mit der Befestigung der Helmbrünne mittels vorstehender Kloben zu tun, die bei den Beckenhauben der vierziger Jahre oft bis über die Gesichtsöffnung hinausreichten und damit das Auf- und Zuklappen eines seitlich befestigten Visiers behindert hätten.

Englische Rüstungen 1320 - 1350

TAFEL G

Für den englischen Rüstungsstil der Zeit zwischen 1320 und 1350 stehen stellvertretend die beiden Abbildungen von Tafel G. Obwohl zwischen beiden Darstellungen nur rund ein Jahrzehnt liegt – der Luttrell-Psalter wird auf ca. 1325 - 1335, die Grabplatte von Sir John d'Abernoun auf ca. 1345 datiert – sind die beiden dargestellten Ritter doch sehr unterschiedlich gerüstet; wobei Sir Geoffrey Luttrell wegen des optisch dominierenden Kettenpanzers und des langen Wappenrockes auf den ersten Blick eher ins 13. Jahrhundert zu gehören scheint. Auch die Ailetten erscheinen für die Zeit um 1340 eher wie ein Relikt aus vergangenen Tagen. Ein möglicherweise vorhandener Plattenrock ist unter dem locker fallenden Wappenrock nicht zu erkennen, gleichwohl als vorhanden anzunehmen. An zusätzlichen Ausrüstungsteilen trägt er auf dem Ringelpanzer eiserne Knie- und Armkacheln, die mit blauem Leder unterlegt sind, sowie eiserne Beinschienen. Auf dem Kopf trägt er eine Beckenhaube mit anhängender Helmbrünne. Die einzigen wirklich modernen Ausrüstungsteile sind seine Plattenhandschuhe. Der große Topfhelm mit getriebener Kalotte ist mit einem Klappvisier ausgestattet. Als Helmzier trägt er ein heraldisch bemaltes Schirmbrett (*wäle*) und im Original rechts und links in einer kleinen Tülle je eine lange weiße (Reiher- ?) Feder, auf deren Abbildung hier verzichtet wurde. Das Schwert, von dem auf der Miniatur nur der Knauf zu erkennen ist, wurde nach einer gleichzeitigen englischen Grabplatte ergänzt.

Sir John d'Aberdoun, ca. 1345
nach Stothard

Die zweite Figur, Sir John d'Abernoun darstellend, erscheint schon auf den ersten Blick bedeutend moderner. Sie trägt eine Rüstung, wie sie für einen wohlhabenden englischen Ritter aus der Zeit um 1345 typisch ist, der sich eine Rüstung nach dem neuesten Stand der Waffentechnik leisten kann. Auffallend ist, daß er im Unterschied zu den deutschen Rittern der gleichen Epoche ein komplettes Armzeug aus Eisen bzw. Stahl trägt. Dieses besteht aus Schulterstücken mit Achselscheiben, Oberarmschienen und Armkacheln mit Schutzscheiben für die Armbeuge und Unterarmröhren. Im Unterschied zu den spätgotischen Armzeugen des 15. Jahrhunderts, bei denen Gleitnieten die verschiedenen Komponenten der Oberarmpanzerung zusammenhalten, werden die Einzelteile hier durch unterseitig aufgenietete Lederriemen miteinander verbunden. Ob die Armkacheln ebenfalls mittels Lederriemen an den Oberarmschienen befestigt waren, oder wie Edge und Paddock annehmen,[137] völlig separat nur von dem einen Schnallriemen gehalten wurden, läßt sich nicht mit Bestimmtheit sagen. Die Unterarmröhren sind offensichtlich völlig unabhängig vom übrigen Armzeug, wahrscheinlich mittels eines durch zwei Löcher am oberen Rand gezogenen Lederriemens mit dem Ärmel des Steppwamses verbunden. Bei manchen englischen Rüstungen dieser Zeit sind Schulterstücke und Armkacheln als Löwenmasken ausgebildet.[138]

Die Körperpanzerung durch einen Spangenpanzer und die Beinpanzerung durch Kettenbeinlinge mit darauf getragenen Beinschienen und Kniebuckeln sowie gepolsterten Oberschenkeldiechlingen entspricht europäischem Standard. Auf manchen zeitgleichen englischen Darstellungen tragen die Ritter auch komplette Unterschenkelröhren aus Stahl. In diesen Fällen ist davon auszugehen, daß darunter keine Kettenbeinlinge getragen wurden. Über dem Spangenpanzer trägt Sir John einen seitlich geschnürten Wappenüberwurf, der vorne wesentlich kürzer ist als hinten und in der englischen Fachliteratur als *cyclas* bezeichnet wird – ein Wort, das ursprünglich aus dem Altfranzösischen stammt, aber dort etwas ganz anderes bezeichnet, nämlich einen golddurchwirkten Seidenstoff, der anscheinend ursprünglich auf den griechischen Zykladen-Inseln hergestellt wurde (= m.lat. *ciclatum*). Davon abgeleitet wurde mit dem altfranzösischen Wort *ciglaton/siglaton* ein halblanger, aus

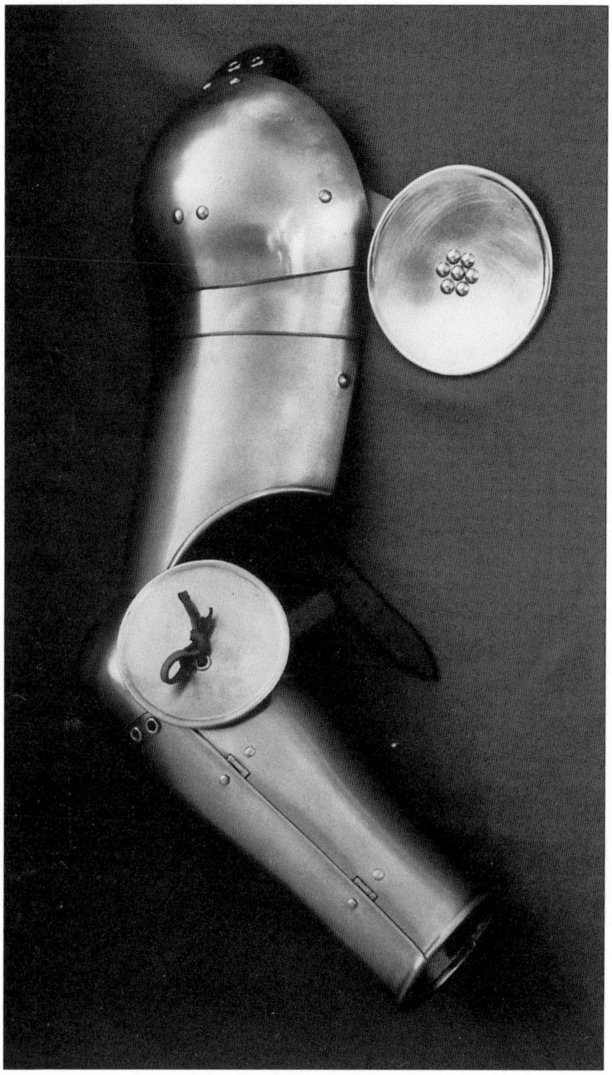

Armzeug im englischen Stil,
ca. 1330 - 1350

kostbarem Stoff gefertigter Überwurf bezeichnet, der sowohl von Frauen über der übrigen Kleidung, als auch von Männern über der Rüstung getragen wurde.[139] Im mittelalterlichen Englisch hieß ein solches Kleidungsstück *gown* oder *goune* (von m.lat. *gonna*). Außerhalb Englands wurde diese Form des Wappenrockes anscheinend nur in Flandern und Italien (vgl. Tafel H, Abb. 1) getragen.

Auf dem Kopf trägt Sir John eine senkrecht geriffelte (godronierte) Beckenhaube mit einer Tülle für die Anbringung einer Helmzier oder eines Federbuschs. Zeitgleiche englische Miniaturen belegen, daß anscheinend auch Beckenhauben und nicht nur Topfhelme gelegentlich mit einem Schirmbrett verziert waren. In der Regel wurde – zumindest zu Beginn der Schlacht – über der Beckenhaube ein großer Topfhelm, in der Fachliteratur Kübelhelm genannt, getragen. Im Unterschied zu dem, was man vielfach liest, ruhte dieser keineswegs auf den Schultern auf, was seinen Träger am Drehen des Kopfes gehindert hätte. Vielmehr sind seine im Vergleich zum Topfhelm des 13. Jahrhunderts vergrößerten Dimensionen durch die darunter getragene, relativ hohe Beckenhaube bedingt. Praktische Versuche haben gezeigt, daß durch diesen der Sitz des „großen Helmes“ so angehoben wird, daß er im Schulterbereich genügend Bewegungsfreiheit gewinnt.

Italienische und französische Rüstungen um 1350

TAFEL H

Die Vorlage für Figur 1 stammt von einem Grabstein aus der Toskana, der auf ca. 1340 datiert wird.[140] Da dieser nicht farbig gefaßt ist, stellt die Darstellung bezüglich Farben und Materialien eine freie Rekonstruktion dar, die sich natürlich um größtmögliche Authentizität bemüht. Immerhin lassen gewisse Details auf der Vorlage und andere zeitgenössische Quellen wie Wandfresken, Buchillustrationen und Texte zuverlässige Rückschlüsse auf die verwendeten Materialien zu. So verraten uns die Riemenverbindungen an den Unterschenkelröhren, daß diese aus cuir-bouilli gefertigt sein müssen, da derartige Verbindungen bei Metallröhren nicht vorkamen. Auch die übrigen Rüstungsteile bestehen zu einem großen Teil aus diesem Material, insbesondere die eisenverstärkten Kniebuckel und die Oberarmschützer. Ansonsten trägt der Ritter unter seinem auf der Vorderseite gekürzten Waffenrock einen Plattenrock, gepolsterte Diechlinge und natürlich ein Kettenhemd. Die Schuhe sind auf der Oberseite ebenfalls mit Kettengeflecht überzogen, eine Gewohnheit, die man in Italien auch nach der Einführung des blanken Harnischs (= Plattenrüstung) noch lange Zeit beibehalten wird. Auf dem Kopf trägt er eine Beckenhaube mit anhängender Helmbrünne und Nasal, wie sie ähnlich zur gleichen Zeit auch in Deutschland vorkommt. Im Gegensatz dazu ist die Beckenhaube mit zusätzlichem Kettenbehang über der Helmbrünne (Abb. 3) eine typisch italienische Erscheinung, die es in anderen Ländern nicht gibt. Als Bewaffnung führt er ein Schwert und einen Basilard von der Länge eines Kurzschwertes.

Die 2. Figur stellt den 1346 in der Schlacht von Crécy gefallenen Grafen von Alençon nach seinem Grabmal in der Kirche von St. Denis dar. Auffallend ist die taillierte Form seines Wappenrockes, die nur den Schluß zuläßt, daß der darunter getragene Plattenrock ebenfalls tailliert ist. Wenn das Grabbild kurz nach dem Tod des Grafen entstanden ist, wäre es einer der frühesten bildlichen Belege für den Lendner, der auf deutschen Grabmälern nicht vor 1352 nachweisbar ist. Außerdem trägt er komplettes Arm- und Beinzeug aus Stahl. Die stählernen Oberschenkeldiechlinge sind noch relativ kurz und schützen nur die Vorderseite, die Kniebuckel sind aus einem Stück getrieben und ohne Zwischenlamellen. Der Helm ist eine spezielle Form der Beckenhaube mit einem beweglichen Kinn- und Kehlschutz (frz. *bavière*) sowie einem kompletten Visier, beide durch seitlich angebrachte Drehbolzen befestigt. Diese Form ist für die Zeit um 1346 sehr modern und ebenfalls ohne Vergleichsstücke auf anderen zeitgenössischen Darstellungen. Üblicher sind zu dieser Zeit in Frankreich Beckenhauben ohne Nasal und spitze Topfhelme, zum Teil mit schwenkbarem Kehlschutz.

Reiter- und Infanterieschilde

Der ritterliche Schild weist in ganz Europa mehr Gemeinsamkeiten als Unterscheidungsmerkmale auf, weshalb er hier en bloc abgehandelt wird. Auch in der Zeit zwischen 1320 und 1370 sind verschiedene Schilde für Reiter und Fußvolk zu unterscheiden. Nach wie vor existiert der klassische, dreieckige Reiterschild der Hochgotik, allerdings mit der allgemeinen Tendenz zu einer schrittweisen Verkleinerung in Abhängigkeit von der Verbesserung von Arm- und Beinpanzerung. Die Sonderform des sogenannten „Manesse-Typus" mit den eingezogenen Oberecken kommt noch bis Mitte des 14. Jahrhunderts vor. Ein Exemplar, das sich in der Marburger Schildsammlung befindet und von Nickel um die Mitte des 14. Jahrhunderts datiert wird, weist immerhin noch die Maße 61 x 47 bzw. 45,5 cm auf. Im Unterschied zu den meisten anderen Schilden ist er lediglich mit grobem Leinen, dessen Struktur ursprünglich von einer dicken Leim-Kreide-Grundierung verdeckt wurde, und nicht mit Leder oder Rohhaut überzogen.[141] Die Bemalung erfolgte in der Regel mit einer Farbe, die mit Ei gebunden und mit verschiedenen Ölen vermalt wurde und in der Konsistenz unserer heutigen Tempera-Farbe entsprach. Manchmal wurde vor der Bemalung mit Stuck ein Reliefmuster aufgebracht oder ein in Leder geschnittenes Schildbild aufgenagelt oder geklebt. Zum Abschluß erhielt der Schild einen Schutzfirnis, der die Farben vor Witterung und Abrieb schützte.

Neben dem Dreieckschild bildet sich um 1330 eine neue Form heraus, die den Endpunkt in der Entwicklung des militärisch genutzten Dreieckschildes darstellt: Der neue Schildtyp erscheint gedrungener als seine Vorläufer, da die Ränder vom oberen Rand aus parallel bis zum oberen Drittel oder bis zur Mitte der Gesamthöhe verlaufen und dann mit einer stärkeren Bauchung nach innen einschwingen, um dann in einer rechteckigen, später stumpf werdenden Spitze zu enden. Diese Form ist wahrscheinlich entwickelt worden, um bei einer stark gekürzten Längsachse noch eine ausreichende Breite zu gewährleisten. Die kleinsten Exemplare weisen nur noch eine Höhe von 49 – 55 cm bei einer Breite von 37 – 46 cm auf. Der neumodische Umriß wurde aber auch auf größere Exemplare übertragen, wie der Schild des Schwarzen Prinzen in der Kathedrale von Canterbury beweist, der 72,5 x 60,5 cm mißt.[142]

Neben den Dreieckschild tritt zwischen 1340 und 1350 als zweiter Reiterschild die Tartsche, über deren geographische Herkunft und den Ursprung der Bezeichnung in der wissenschaftlichen Literatur keine Einigkeit herrscht.[143] Fest steht, daß es sowohl in Ost- als auch in Südeuropa schon im 13. Jahrhundert ovale Schilde gegeben hat, die sich formgeschichtlich zumindest teilweise vom spitzovalen Schild des 11. Jahrhunderts ableiten lassen. Die Bezeichnung „Tartsche" ist für die einen Autoren lateinischen (*tergum tauricum* = Ochsenhaut), für andere slawischen (pol. *tarcz* oder *tarcza* = Brett) und für die dritten maurischen (maur. *adarga* von arab. *daraka* = Schild) Ursprungs. Typisch für die frühe Tartsche ist die meist ovale Form und der Einschnitt für das Einlegen der Lanze auf der (vom Schildträger aus) rechten Seite, die sogenannte „Speerruhe". Die meisten frühen Tartschen sind auch noch konvex, allenfalls mit einem nach außen gebogenen oberen Rand. Ab ca. 1360 - 70 wird die Tartsche mit einem Mittelgrat versehen. Außerdem ist sie oben und unten nach vorne gewölbt, im Gegensatz zum konvex gewölbten Dreieckschild also konkav. Zugleich wird der obere Rand meist gerade beschnitten; der untere bleibt rund oder erhält eine stumpfe Spitze. Auch die Tartsche ist in der Regel heraldisch bemalt, wobei im Unterschied zum klassischen Wappenschild nicht nur das ursprüngliche, reine Schildwappen, sondern das Vollwappen mit Helm und Helmzier abgebildet wird.

Der früheste Beleg für die Darstellung eines Vollwappens auf einem Ritterschild ist der noch erhaltene Schild des Hochmeisters des Deutschritterordens Karl Beffart von Trier aus den Jahren um 1320, zugleich die älteste Abbildung des kompletten Hochmeisterwappens.[144] Obwohl die noch teilweise erhaltene Beriemung auf eine Handhabung wie bei einem Reiterschild hindeutet, spricht seine Größe mit 98,5 cm Höhe und 57,5 cm Breite sowie die Schildumschrift „CLIPPEUS. CVM. GALEA. MAGISTRI. (ORDI)NIS. FRATRVM. TEUTONICORVM.“ dagegen. Allgemein nimmt man deshalb an, daß der Schild bei Paraden und ähnlichen Gelegenheiten als Rang- und Hoheitszeichen der hochmeisterlichen Würde gedient hat. Bei diesem Schild handelt es sich aber weder um einen Dreieckschild noch um eine Tartsche, sondern um eine typisch italienische Form, die in dieser Größe ansonsten nur bei der Darstellung von italienischem Fußvolk vorkommt, zum Beispiel auf der Miniatur des Werner von Hohenberg in der Manessischen Liederhandschrift oder auf den Fresken im norditalienischen Castello d'Avio (Trentino). Allerdings ist hier die Beriemung in Längsrichtung angebracht, da es sich um Fußvolk handelt. Dieser Schildtyp hat sich möglicherweise ebenfalls aus dem mandelförmigen Schild, dem sog. Normannenschild entwickelt, nur daß man nicht die obere Rundung, sondern die Spitze abgeschnitten hat.

Bei den Infanterieschilden ist zu unterscheiden zwischen den Schilden für die Spießträger, den Faustschilden für die Schwertkämpfer und den Pavesen für die Armbrustschützen. Bei den Spießträgern wird der brusthohe Dreieckschild abgelöst durch den oben beschriebenen mandelförmigen Schild oder einen reinen, leicht konischen Schild mit abgerundeten Ecken, der sich besser für die Formierung eines Schildwalls eignet, da er besser auf dem Boden abgestützt werden kann. Dieser Schildtyp kommt vorwiegend in Italien vor. In der Machart unterscheidet er sich nicht von den Reiterschilden: Weichholz mit einem Überzug aus Leinen und Rohhaut.

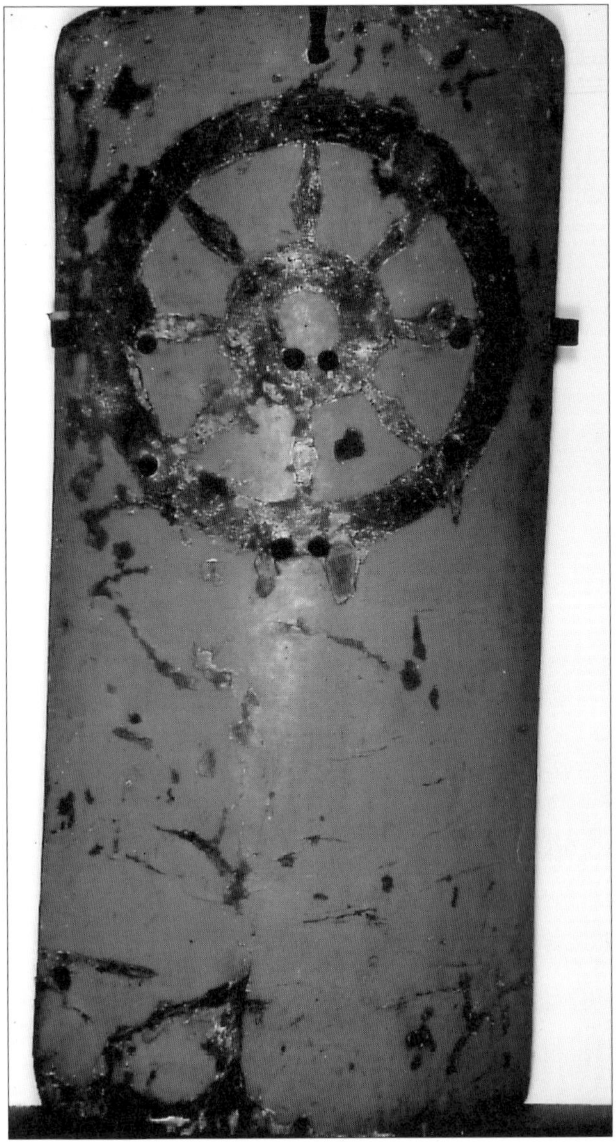

Älteste erhaltene deutsche Pavese
Erfurt vor 1324, © Angermuseum Erfurt

Der bereits im letzten Band vorgestellte Faustschild für Schwertkämpfer bleibt während der gesamten folgenden Periode und darüber hinaus im Gebrauch. Der sogenannte Buckler ist als einziger mittelalterlicher Schild ganz aus Metall gefertigt (vgl. Früh- und Hochgotik, Tafel D, Abb. 12).

Die Pavese als rechteckiger Schutzschild für Armbrustschützen, ursprünglich in Italien (Pavia) erfunden, setzt sich in der ersten Hälfte des 14. Jahrhunderts auch in den anderen europäischen Ländern allgemein durch und gehört gewissermaßen zur Standardausstattung von Armbrustschützeneinheiten. David Nicolle geht von einem Verhältnis von zwei bis drei Schützen, Philippe Contamine von zwei Schützen zu einem Pavesenträger aus, da von den Erstgenannten wegen der relativ langen Ladezeiten jeweils nur einer schußbereit in der Frontlinie stand.[145] Wie abhängig die Armbrustschützen von ihren Schildträgern waren, zeigt das Beispiel der Schlacht von Crécy, wo die genuesischen Armbrustschützen von den englischen Bogenschützen zusammengeschossen werden konnten, weil sie keine Deckung hatten.[146] Neben diversen italienischen Museen besitzt das Angermuseum in Erfurt eine große Sammlung von Pavesen aus der Zeit 1320 - 1387, die alle etwa mannshoch sind, wobei die Höhe zwischen 165 und 200 cm und die Breite zwischen 75 und 106 cm variiert. Das auf S. 100 abgebildete Exemplar mißt 177 x 78 cm.[147] Die Machart ist die gleiche wie bei anderen Schildtypen: Weichholz mit einem Überzug aus Leinen und Rohleder. Zusätzlich sind die Pavesen am unteren Rand mit zwei Eisenspitzen versehen, die in den Boden gesteckt werden, so daß die Schutzschilde fester stehen.

DIE ANGRIFFSWAFFEN DER REITEREI

Die Lanze

Wichtigste Angriffswaffen der Reiterei sind nach wie vor Lanze und Schwert. Bei der Lanze ist eine gewisse Tendenz zur Verlängerung festzustellen, was wohl mit der im Vergleich zum 13. Jahrhundert vergrößerten Schaftlänge bei den Stangenwaffen des Fußvolkes zu tun hat. Allerdings ist bei rund 3,60 m das Maximum dessen erreicht, was ein Reiter mit einer Hand halten und führen kann, solange noch kein Rüsthaken vorhanden ist, auf den er die Lanze abstützen kann. Aus demselben Grund bleiben die Reiterlanzen relativ dünn, was man noch heute an dem geringen Durchmesser von Lanzenspitzentüllen erkennen kann. Die Spitzen sind jetzt meist schlank und von rhombischem Querschnitt, womit das Durchbohren der „platen“ erleichtert werden soll. Metallene Brechschilde für den Schutz der Lanzenhand sind um die Mitte des Jahrhunderts bereits allgemein üblich.

Das zweischneidige Schwert

Beim Ritter- oder Reiterschwert mit gerader, zweischneidiger Klinge und kreuzförmigem Gefäß ist eine Tendenz zur Diversifizierung zu erkennen. Im östlichen Deutschland und den angrenzenden Regionen, wo nach wie vor der Kettenpanzer dominiert und nur der Rumpf mit Platten geschützt wird, kann sich das traditionelle Hiebschwert behaupten. Im Westen hingegen erweist sich das klassische Breitschwert mit nur mäßig konischer Klinge, konzipiert für das Durchhauen ungepanzerter oder nur mittels Kettengeflecht geschützter Glieder, mehr und mehr als wenig effektiv im Kampf mit schwerer gepanzerten Gegnern. Da man beim Schwertfechten mit Hauen nicht mehr weiterkommt, verlegt man sich aufs Stechen. Entsprechend werden hier die neu gefertigten Schwerter dem Stoßfechten angepaßt: Die Klingen werden konischer und nähern sich der Form eines langgezogenen Dreiecks. Die Hohlkehle, die bei den alten Hiebschwertern bis fast in die Spitze reichen konnte, weicht immer mehr zurück (bis auf ein Drittel der ursprünglichen Länge) oder verschwindet ganz zugunsten eines rhombischen Querschnitts, der die Klinge steifer und stabiler macht. Die neuen Stoßklingen sind in der Regel an der Parierstange relativ breit, aber mit 70 bis maximal 80 cm nur mäßig lang. Das Gefäß, bestehend aus Parierstange, Griffstück (Hilze) und Knauf, unterscheidet sich, wenn überhaupt, nur wenig von dem älterer Typen. Die Parierstange, meist ein schmuckloses Eisenstück von recht-, sechs- oder achteckigem Querschnitt, ist in der Regel gerade oder allenfalls leicht zur Klinge hin gebogen. Das Griffstück ist kurz, da die meisten Stoßschwerter Einhänder sind. Der Scheiben- oder Radnabenknauf wird europaweit dominierend, wohingegen der Paranußknauf und verwandte Typen verschwinden. Oft werden ältere Schwerter, so z. B. das Krönungsschwert der deutschen Kaiser, durch einen Knauftausch modernisiert. In Frankreich und England bezeichnete man die neuen Stoßschwerter als „bordelaises", wohl ein Hinweis darauf, daß dieser Typ zuerst von Waffenschmieden aus Bordeaux hergestellt wurde. Später bezeichnet man diesen Schwerttyp als *estoc*, was im Französischen ursprünglich lediglich die Spitze bezeichnet und davon abgeleitet die neue Fechtart des Stoß- oder Stechfechtens (frz. *frapper* oder *férir d'estoc* = mit der Spitze schlagen oder stechen).[148]

Neben dem am Schwertgurt getragenen kurzen Stoßschwert behauptet sich das am Sattel befestigte lange Breitschwert als Zweitwaffe, wegen seiner größeren Reichweite wohl hauptsächlich im Kampf gegen das nur schwach gerüstete Fußvolk eingesetzt. Die Länge der Griffstücke läßt erkennen, daß es sich dabei zumeist um Anderthalbhänder handelt. Daneben gibt es eine ganze Reihe von Mischtypen, die sowohl zum Hauen als auch zum Stechen geeignet sind. Manche sind als Einhandschwert, die meisten aber als Schwert zu anderthalb Hand ausgeführt.[149]

Das einschneidige Schwert

Schließlich gibt es noch eine Gruppe, die ebenfalls schon im letzten Band angesprochen, aber noch nicht im Bild vorgestellt worden ist: Die der einschneidigen Hiebschwerter, die in deutschen Texten meist als „Malchus“ , in französischen als *badelaire/bazelaire* oder *fauchon* und in englischen als *falchion* bezeichnet werden.[150] Dabei handelt es sich wohlgemerkt nicht um Säbel, sondern tatsächlich um Schwerter, da der Klingenrücken meist gerade ist und das kreuzförmige Gefäß ebenfalls vom Breitschwert stammt. Die zum Teil recht aufwendige Griffgestaltung dieser einschneidigen Schwerter lassen den Schluß zu, daß es sich dabei durchaus auch um eine ritterliche Waffe handeln kann; eine Vermutung, die durch zahlreiche Abbildungen in zeitgenössischen Handschriften, wo ritterlich Gerüstete mit solchen Waffen aufeinander einschlagen, gestützt wird.

Dolch, Streitkolben und Streithammer

Neben die bereits im letzten Band genannten Typen – Nierendolch, Scheibendolch und Schweizerdolch – tritt um 1330 ein neues Modell, welches in der Literatur allgemein als Basilard bezeichnet wird, obwohl man sich nicht sicher ist, daß mit den in mittelalterlichen Texten *basilard* genannten Blankwaffen tatsächlich Dolche dieses Typs gemeint sind. Sicher ist nur, daß die ältesten bekannten Exemplare vorwiegend auf dem Gebiet der Nordschweiz gefunden wurden, von wo aus sie sich nach Norden und Süden gleichermaßen ausgebreitet haben. In England und Frankreich scheint er eher selten gewesen zu sein. Unter den schweizerischen und deutschen Bodenfunden aus dem 14. Jahrhundert ist der Basilard sehr zahlreich vertreten. In Deutschland und Italien findet man ihn auf mittelalterlichen Abbildungen sowohl als Sekundärwaffe der Ritter – zahlreiche Grabbilder und sämtliche Kurfürstendarstellungen vom Mainzer Kaufhaus tragen Basilards – als auch als Nahkampfwaffe des Fußvolkes, so z. B. auf den bereits erwähnten Fresken im Castello d'Avio. Typisch für den Basilard ist seine zweischneidige, dreieckige, am Ansatz breite Klinge und sein Gefäß mit den zwei vernieteten hölzernen Griffschalen, die nicht nur die Handhabe, sondern auch Parier- und Knaufbalken bedecken. Die Klingenlänge kann sehr unterschiedlich sein; sie reicht von rund 20 cm bis hin zu rund 40 cm, so daß die längeren Exemplare schon fast als Kurzschwerter anzusprechen sind. Die Klinge ist flachrhombisch mit oder ohne Hohlkehle. Nicht selten findet man auch eine doppelte Kehlung beiderseits des Mittelgrates auf ca. einem Drittel der Klingenlänge.

Ebenfalls neu im 14. Jahrhundert sind Dolche vom sogenannten Schwerttypus, die von vielen irrtümlich für älter gehalten werden, aber erst ungefähr um die Mitte des 14. Jahrhunderts nachweisbar sind. Typisch für diesen Typ ist der schwertähnliche Griff mit Parierstange, lederumwickelter Hilze und rundem Scheibenknauf sowie die zweischneidige Panzerstecherklinge von meist rhombischem Querschnitt. Ein Vertreter dieser Gruppe aus dem Zeughausmuseum in Berlin weist eine Klingenlänge von 41 cm bei einer Gesamtlänge von 52,5 cm auf.[151] Erstmals seit der Eisenzeit sind auch wieder Dolchklingen mit durchgehender dreikantiger Mittelrippe nachweisbar.[152]

Beim Reiter-Streitkolben hat sich um 1320 endgültig der „türkische“ Typ (frz. *mace turquese*) mit den radial angesetzten Schlagblättern durchgesetzt. Diese kommen in dreieckiger, trapezförmiger, rechteckiger und halbovaler Form vor. Altertümliche Streitkolben mit walzenförmigem, nagelgespicktem Schlagkopf führt nun nur noch das Fußvolk.

Neu hinzugekommen ist zu Beginn des Jahrhunderts der Streithammer.[153] Dabei handelt es sich um eine Art Streitaxt mit ganz schmalem, fast meißelförmigem Blatt, welche auf der Rückseite einen massiven runden oder vierkantigen Stachel aufweist.[154] Bei späteren Modellen wandelt sich die Axtklinge zu einem mit vier kleinen Pyramiden besetzten Hammerkopf. Der Stiel scheint ursprünglich wie bei einer normalen Axt oval gewesen zu sein, bei den ältesten erhaltenen Modellen, die auf ca. 1350 datiert werden können, ist die Tülle von rechteckigem Querschnitt. Eiserne Schaftfedern verhindern, daß der Stiel mit einer Hiebwaffe durchgehauen werden kann.

Die Schutzwaffen, Stangenwaffen und Schußwaffen des Fußvolkes haben sich in der Zeit zwischen 1320 und 1370 kaum verändert, so daß sich ein eigenes Kapitel erübrigt. Außerdem soll zu einem späteren Zeitpunkt ein Sonderband über die Entwicklung der Infanteriebewaffnung während des gesamten Mittelalters erscheinen.

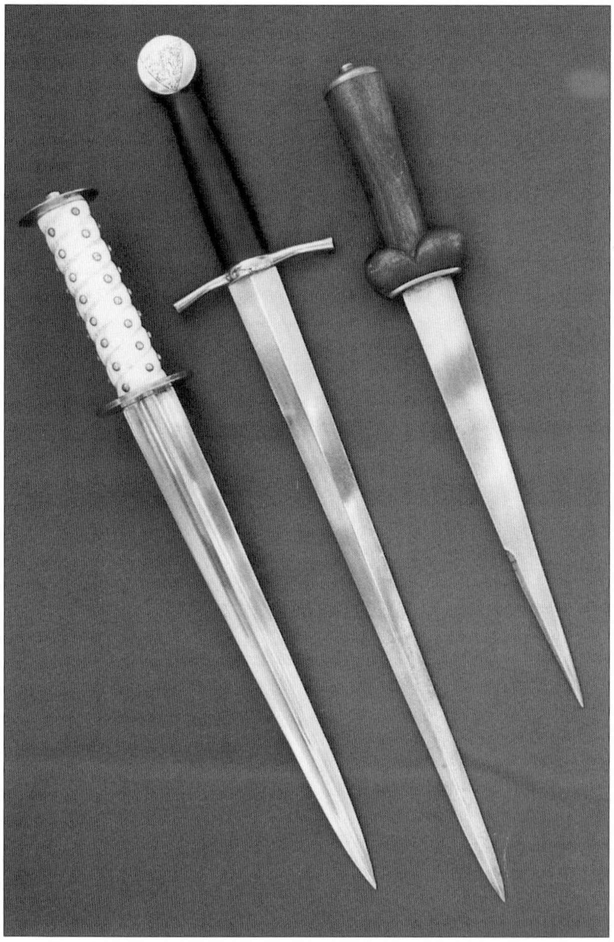

3 verschiedene im 14 Jh. übliche Dolchtypen

AUSWAHLBIBLIOGRAPHIE

001 Alexander, Jonathan und Binski, Paul: Age of Chivalry, Art in Plantagenet England, London 1987.

002 Bartlett, Clive und Embleton, Gerry A.: The Medieval Footsoldier 1460 - 1485, (Teil 4): Body Protection and Campaign Service, in: Military Illustrated 12 (1988), S. 39 - 46.

003 Bauch, Kurt: Das mittelalterliche Grabbild, Figürliche Grabmäler des XI. bis XV. Jahrhunderts, Berlin 1976.

004 Boccia, L. G.: L'armamento in Toscana dal Millecento al Trecento, in: Civiltà delle arti minori in Toscana, Florenz 1971, S. 193 -212.

005 Ders. und Coelho, E. T.: L'armamento di cuio e ferro nel Trecento italiano, in: L'illustrazione italiana, L'uomo, le armi, le mura, 1974, S. 24 - 37.

006 Boehn, Max von: Die Mode. Menschen und Moden im Mittelalter, München 2 1963.

007 Brinker, Claudia und Flühler-Kreis, Dione (Hg.): Die Manessische Liederhandschrift in Zürich, Zürich 1991.

008 Bruhn, W. und Tilke, M.: Das Kostümwerk, Berlin 1941.

009 Burgess, E. M.: The mail-maker's technique, in: The Antiquaries Journal 33 (1953), S. 48 - 55, 193 - 202.

010 Buttin, François: Du costume militaire au Moyen Age et pendant la Renaissance, Paris 1971.

011 Ders.: La lance et l'arrêt, Archaeologia 99 (1965).

012 Byrde, P.: The Male Image, London 1979.

013 Callori, Flavia: Protezioni in maglia metallica altomedievali, in: Il sabato, S. 93 - 98.

014 Cameron, H. K.: The Fourteenth-Century Brasses at King's Lynn, in: Archaeological Journal 136 8 1979), S. 151 - 172.

015 Ders.: Flemish Brasses to Civilians in England, in: Archaeological Journal 139 (1982), S. 420 - 440.

016 Ders.: Flemish Brasses of the Fourteenth Century in Northern Germany and their use by the Merchants of the Hanse, in: Archaeological Journal 143 (1986), S. 331 - 351.

017 Cardon, Dominique: La draperie au Moyen Age, Paris 1999.

018 Cherry, John: Medieval Decorative Art, London 1991.

019 Clark, John u. a.: The Medieval Horse and its Equipment c. 1150 - c. 1450, London 1995.

020 Crowfoot, Elisabeth und Pritchard, Frances und Staniland, Kay: Textiles and Clothing c. 1150 - c. 1450, London 1992.

021 Cunnington, W.: Handbook of English Medieval Costume, London 1952.

022 Demay, Georges: Le costume au moyen âge d'après les sceaux, Paris 1880.

023 Depping, G. B. (Hg.): Reglement sur les arts et métiers de Paris rédigés au XIIIe siècle, et connus sous le nom du Livre des Métiers d'Etienne Boileau, Paris 1837.

024 Döhner, O. H.: Geschichte der Eisendrahtindustrie, Berlin 1925.

025 Dihle, Helene: Das goldene Gewand der Königin Margarethe, in: Zeitschrift für historische Waffen- und Kostümkunde 9, S. 124 -128.

026 Dörner, Robert: Das Sarworter- und das Schwertfegeramt in Köln, Gedr. Diss., Köln 1915.

027 Dorst und Rathmann: Pferd im Militärwesen, Berlin-Ost 1970.

028 Du Cange, Ch.: Glossarium ad scriptores mediae et infimae latinitatis, 1883.

029 Edge, David und Paddock, John Miles: Arms and Armor of the Medieval Knight, New York 1994.

030 Egan, Geoff und Pritchard, Frances: Dress Accessories, London 2 1993.

031 Eisenbart, Liselotte: Kleiderordnungen in deutschen Städten zwischen 1350 und 1700, Göttingen 1962.

032 Elias, Norbert: Über den Prozeß der Zivilisation, Suhrkamp 1976.

033 Enlart, Camille: Manuel d'archéologie française, Bd. III, Le costume, Paris 1916.

034 Evans, Joan: Dress in Medieval France, Oxford 1952.

035 Falke, Otto von: Kunstgeschichte der Seidenweberei, Berlin 1913.

036 Ffoulkes, Charles: The Armourer and his craft, London o. J. (ca. 1960).

037 Fingerlin, Ilse: Gürtel des hohen und späten Mittelalters, München 1971.

038 Fleckenstein, Josef (Hg.): Das ritterliche Turnier im Mittelalter, Göttingen 1985.

039 Frauenholz, Eugen von : Entwicklungsgeschichte des deutschen Heerwesens, Bd. 1: Das Heerwesen der germanischen Frühzeit, des Frankenreiches und des ritterlichen Zeitalters, München 1935.

040 Funcken, Liane und Fred: Le costume, l'armure et les armes au temps de la chevalerie, 2 Bde., Casterman 1977 und 1978.

041 Gaborit-Chopin, Danielle (Hg.): L'Art au temps des rois maudits - Philippe le Bel et ses fils 1285 - 1328, Paris 1998.

042 Gaier, Claude: L'évolution et l'usage de l'armement personnel défensif au pays de Liège du XII° au XIV° siècle, in: Zeitschrift für historische Waf-

fen- und Kostümkunde 3.F.4. (1962), S. 65 -86.

043 Gaitzsch, Wolfgang: Ein westeuropäisches Pferdegeschirr des späten 13. Jahrhunderts aus Pergamon, in: Istanbuler Mitteilungen 37 (1987), S. 219ff.

044 Galbreath, Donald Lindsay und Jéquier, Léon: Manuel du blason, Lausanne 1977.

045 Gamber, Ortwin: Glossarium Armorum, "Schutzwaffen", Graz 1972.

046 Gardner, A.: Hair and Head-Dress. 1050 - 1600, (Journal of the British Archaeological Association 13), London 1950.

047 Georges C. Stone, Glossary of arms and armour, 1934, Reprint New York 1961.

048 Geßler, Eduard Achilles: Der Topfhelm von Küßnach und die übrigen dortigen Waffenfunde, in: Anzeiger für schweizerische Altertumskunde XXIV (1922), S. 33 ff.

049 Ders.: Die Spangenharnische von Küßnach, in: Anzeiger für schweizerische Altertumskunde N.F. 28 (1926), S. 27 - 39 und 98 - 102.

050 Gravett, Christopher und Turner, Graham: German Medieval Armies 1000 - 1300, London 1997.

051 Ders. und Hook, Christa: Norman Knight 950 - 1204, London 1993.

052 Ders. und McBride, Angus: German Medieval Armies 1300 - 1500, London 1985.

053 Grew, Francis und Neergaard, Margrethe de: Shoes and Pattens, London 1988.

054 Gross, Uwe: Bilder und Sachen, Katalog der Ausstellung "Codex Manesse", S. 71f.

055 Guerre e assoldati in Toscana 1260 - 1364, Ausstellungskatalog, Florenz 1982.

056 Harmand, Adrien: Jeanne d'Arc, ses costumes, son armure, Paris 1929.

057 Harmuth, Egon: Die Armbrust, Graz 1986.

058 Hausherr, R.: Convenevolezza. Historische Angemessenheit in der Darstellung von Kostüm und Schauplatz von der Spätantike bis ins 16. Jahrhundert, Wiesbaden 1964.

059 Heath, Ian: Armies of the Middle Ages 1300 - 1500, 2 Bde., Worthing 1982 und 1984.

060 Hefner-Alteneck, Jakob-Heinrich: Die Burg Tanneberg und ihre Ausgrabungen, Darmstadt 1850.

061 Ders.: Trachten, Kunstwerke und Geräthschaften vom frühen Mittelalter bis Ende des achtzehnten Jahrhunderts, Bd. III, Frankfurt/M. 1882.

062 Heinemeyer, E.: Zwei gotische Frauenhaarnetze, in: Waffen- und Kostümkunde 8 (1966), S. 13ff.

063 Heyen, F.-J. (Hg.): Kaiser Heinrichs Romfahrt, Koblenz 1985.

064 Heyne, M.: Körperpflege und Kleidung bei den Deutschen von den ältesten geschichtlichen Zeiten bis zum 16. Jahrhundert, Leipzig 1903.

065 Hottenroth, Friedrich: Handbuch der deutschen Tracht, Stuttgart 1896, Neudruck Hannover 1985.

066 Houston, Mary Galway: Medieval Costume in England and France, The 13th, 14th and 15th Centuries, London 1939, reprint New York 1996.

067 Hundsbichler, Helmut: Kleidung und Norm, in: H. Kühnel, Alltag im Spätmittelalter, Graz, Wien, Köln 1984, S. 248 - 253.

068 Irsigler, Franz: Eisenverarbeitende Gewerbe und Handel mit Eisen, Stahl und Eisen- und Stahlwaren - a) Waffenproduktion und Waffenhandel, in: Die wirtschaftliche Stellung der Stadt Köln im 14. und 15. Jahrhundert, S. 156 - 167.

069 Jaacks, Gisela: Städtische Kleider im Mittelalter, in: Hefte des Focke Museums 62, Bremen 1983, S. 219 - 233.

070 Jacques de Hemricourt: Miroir des nobles de Hasbaye, composé de chroniques ..., où il traite des géneéalogies del'ancienne noblesse de Liège et des environs, depuis l'an 1102 jusques en l'an 1389, Brüssel 1673.

071 Jähns, Max: Geschichte des Kriegswesens von der Urzeit bis zur Renaissance, Leipzig 1880.

072 Jaritz, Gerhard: Mittelalterliche Realienkunde und Fragen von Terminologie und Typologie, in: Terminologie und Typologie mittelalterlicher Sachgüter: das Beispiel der Kleidung, Veröffent-lichungen des Instituts für mittelalterliche Realienkunde Österreichs 10, Wien 1988, S. 7 - 20.

073 Köhler, Gustav: Die Entwicklung des Kriegswesens und der Kriegführung in der Ritterzeit von der Mitte des 11. Jahrhunderts bis zu den Hussitenkriegen, 3 Bde., Breslau 1886 - 1889.

074 Krämer, Xenia und Schörmer, Michael: Das Buch der Gewandung, Eltersdorf 1993.

075 Kühnel, Harry: Alltag im Spätmittelalter, Graz, Wien, Köln 1984.

076 Ders.: Mentalitätswandel und Sachkultur. Zur Entstehung der Mode im 14. Jahrhundert. Sachüberlieferung und Geschichte 3, Sankt Katharinen 1989.

077 Ders. (Hg.): Bildwörterbuch der Kleidung und Rüstung, Kröner-Verlag, Stuttgart 1992.

078 L'art au temps des Rois Maudits, Ausstellungskatalog, Paris 1998.

079 Laver, J.: Costume, London 1963.

080 Lefebre des Noëttes, Richard: L'attelage, le cheval de selle à travers les âges; contribution à l'histoire de l'esclavage, Paris 1931.

081 Lehnart, Ulrich: Worringen 1288 - Kriegführung im Mittelalter, Frankfurt 1993.

082 Ders.: Kampfweise und Bewaffnung zur Zeit der Schlacht von Worringen, in: Schäfke, Werner: Der Name der Freiheit, Ausstellungskatalog, Köln 1988, S. 155 - 163.

083 Ders.: Kleidung und Waffen der Früh- und Hochgotik 1150 -1320, Wald-Michelbach 1998.

084 Lexikon des Mittelalters (LexMa); Bd. 1 ff. München-Zürich 1980 ff.

085 Loschek, Ingrid: Reclams Mode- und Kostümlexikon, Stuttgart 1987.

086 Magagnato, L.: Le Stoffe di Cangrande, Florenz 1983.

087 Margue. Michel (Hg.): Un itinéraire européen – Jean l'Aveugle, comte de Luxembourg et roi de Bohême 1296 - 1346, Luxemburg 1996.

088 Markowsky, Barbara: Europäische Seidengewebe des 13. - 18. Jahrhunderts, Köln 1976 (Katalog des Kunstgewerbemuseums Köln).

089 Matthew, Donald: Weltatlas der alten Kulturen, Band "Mittelalter", München 1983.

090 Mertens, Veronika: Mi-Parti als Zeichen. Zur Bedeutung von geteiltem Kleid und geteilter Gestalt in der Ständetracht, in literarischen und bildlichen Quellen sowie im Fastnachtsbrauch vom Mittelalter bis zur Gegenwart, Remscheid 1983.

091 Miller, Douglas und Embleton, Gerry A.: The Swiss at War 1300 - 1500, London 1979.

092 Müller, Heinrich und Kölling, Hartmut: Europäische Hieb- und Stichwaffen, Berlin-Ost 1978.

093 Ders. und Kunter, Fitz: Europäische Helme, Berlin-Ost 1984.

094 Neubecker, Ottfried: Heraldik, Frankfurt 1977.

095 Newton, Stella Mary: Fashion in the Age of the Black Prince, A Study of the Years 1340 - 1365, Woodbridge 1980.

096 Nickel, Helmut: Der mittelalterliche Reiterschild des Abendlandes, Diss. Berlin 1958.

097 Ders.: Ullstein-Waffenbuch, Berlin 1974.

098 Nicolle, David und Embleton, Gerry A.: Italian Medieval Armies 1300 - 1500, London 1983.

099 Ders. und Hook, Richard: The Crusades, London 1988.

100 Ders. und McBride, Angus: The Normans, London 1987.

101 Ders. und McBride, Angus: French Medieval Armies 1000 - 1300, London 1991.

102 Ders. und Hook, Christa: Knight of Outremer 1187 - 1344, London 1996.

103 Ders. und Hook, Christa: Italian Militiaman 1260 - 1392, Oxford 1999.

104 Ders.: Arms & Armour of the Crusading Era 1050 - 1350, London 1999.

105 Ders. und McBride, Angus: French Armies of the Hundred Years War, Oxford 2000.

106 Nixdorff, H. und Müller, H.: Weiße Westen – Rote Roben. Von den Farbordnungen des Mittelalters zum individuellen Farbgeschmack, Ausstellungskat. Staatl. Museen preuß. Kulturbesitz, Berlin 1983.

107 Nørlund, P.: Buried Norsemen at Herjolfsnes, Kopenhagen 1924; Textiles from Bogs and Burials, Kopenhagen 1980.

108 Norman, Vesey: Waffen und Rüstungen, Essen 2 1988.

109 Norris, Herbert: Costume and Fashion, Bd. 2: Senlac to Bosworth 1066 - 1485, London 1927.

110 Oakeshott, E.: Records of the Medieval Sword, Woodbridge 1991.

111 Ders.: The Sword in the Age of Chivalry, Woodbridge 3 1997.

112 Pastoureau, Michel: Traité d'héraldique, Paris 1979.

113 Ders.: L'Hermine et le Sinople. Etudes d'héraldique médiévale, Paris 1982.

114 Ders.: Figures et couleurs, Paris 1986.

115 Piponnier, Françoise: Le costume paysan au moyen âge: sources et méthodes, in: L'Ethnographie, S. 291 - 308.

116 Dies. und Mane, Perrine: Se vêtir au Moyen Age, Paris 1995.

117 Ploss, Emil Ernst: Ein Buch von alten Farben – Technologie der Textilfarben im Mittelalter, München 1967.

118 Post, Paul: Die französisch-niederländische Männertracht ein-schließlich der Ritterrüstung im Zeitalter der Spätgotik 1350 - 1475, Diss. Halle/Saale 1910.

119 Ders.: Waffen- und kostümgeschichtliche Ausdeutung der Limburger Chronik, in: Zeitschrift für historische Waffen- und Kostümkunde, N.F. 5 (1935) S. 177 - 183.

120 Ders.: Das Kostüm und die ritterliche Kriegstracht im Deutschen Mittelalter von 1000 - 1500, in: Lüdtke & Mackensen, Deutscher Kulturatlas, 1928 - 1939, Ergänzung Bd. II.

121 Racinet, A.: Le costume historique, 6. Bde., Paris 1888.

122 Rady, Ottilie: Der Kruseler, in: Zeitschrift für historische Waffen- und Kostümkunde 1 (1923), S. 131 - 136.

123 Dies.: Das weltliche Kostüm von 1250 - 1410 nach ausweis der figürlichen Grabsteine im mittelrheinischen Gebiet, Dachau 1976.

124 Reitzenstein, Alexander von: Der Waffenschmied, München 1964.

125 Ders.: Der Ritter im Heergewäte – Bemerkungen über einige Bildgrabsteine der Hochgotik, in: Festschrift Theodor Müller, München 1965, S. 73 - 89.

126 Riquer, Martí de: L'arnès del cavaller – Armes i armadures catalanes medievals, Barcelona 1968.

127 Rossi, Renzo (Hg.): Il sabato di San Barnaba – La battaglia di Campaldino 11 giugno 1289, Ausstellungskatalog, Mailand 1989.

128 Rothero, Christopher: The Armies of Crécy and Poitiers, London 1981.

129 Rudli, Rudlof: La bataille de Sempach - 3 juillet 1386, Heft 13 der Recherches médiévales, Reichstett 1986, Österreich.

130 Schnack, Christiane: Die mittelalterlichen Schuhe aus Schleswig, Neumünster 1992.

131 Dies.: Mittelalterliche Lederfunde aus Konstanz, Stuttgart 1994.

132 Schneider, H.: Die beiden Topfhelme von Madeln, in: Zeitschrift für Schweizerische Archäologie und Kunstgeschichte 14 (1953), S. 29 ff.

133 Schwineköper, Berent: Der Handschuh im Recht, Ämterwesen, Brauch und Volksglauben, Berlin 1938.

134 Seitz, Heribert: Blankwaffen, 2 Bde., Braunschweig 1965.

135 Stradal, M. und Brommer, U.: Mit Nadel und Faden – Kulturgeschichte der klassischen Handarbeiten, Freiburg 1990.

136 Šroňková, Olga: Die Mode der gotischen Frau, Prag 1955.

137 Stothard, C. A.: The Monumental Effigies of Great Britain, 1817

138 Tauber, Jürg: Alltag und Fest auf der Burg im Spiegel der archäologischen Sachquellen, in: Das ritterliche Turnier, S. 588 - 623.

139 Tavard, Christian-Henry: Sattel und Zaumzeug, Köln 1975.

140 Teegen, Wolf-Rüd.: Ein Nierendolch aus Hameln, in: Zeitschrift für Archäologie des Mittelalters 21 (1993), S. 87 - 106.

141 Thiel, Erika: Geschichte des Kostüms, München 9 1991.

142 Thordeman, Bengt: Armour from the Battle of Wisby, Uppsala 1939.

143 Tilemann Elhen von Wolfhagen: Die Limburger Chronik, Hg. Gottfried Zedler, Limburg/Lahn 1930.

144 Tilke, Max: Kostümschnitte und Gewandformen aller Zeiten und Völker, Tübingen 1945.

145 Tietzel, Brigitte: Italienische Seidengewebe des 13., 14. und 15. Jahrhunderts, Köln 1984 (= Katalog des Deutschen Textilmuseums Krefeld).

146 Tobler-Lommatzsch: Altfranzösisches Wörterbuch, Wiesbaden 1925 - 60.

147 Toman, Rolf (Hg.): Die Kunst der Gotik, Köln 1998.

148 Tuchman, Barbara: Der ferne Spiegel, Frankfurt/M., Wien, Zürich 1980.

149 Vavra, Elisabeth: Kritische Bemerkungen zur Kostümliteratur, in: Terminologie und Typologie mittelalterlicher Sachgüter: Das Beispiel der Kleidung, Veröff. des Instituts für mittelalterliche Realienkunde Österreichs 10 (1986), S. 21 - 45.

150 Verbruggen, Jan Frans: The Art of Warfare in Western Europe during the Middle Ages (from the eighth century to 1340), Amsterdam und New York 1976.

151 Villani, Giovanni: Cronica di Giovanni Villani dalla torre di Babel fino al 1348, Florenz 1844 - 45.

152 Viollet-le-Duc: Dictionnaire raisonné du mobilier français von Viollet-le-Duc du XI° au XVI°, Paris 1872 - 73; neu ediert als Encyclopédie médiévale, o. O. 1992.

153 Wackernagel, R. H.: Katalog des Münchner Zeughauses, München 1982.

154 Wagner, Eduard: Tracht, Wehr und Waffen des späten Mittelalters (1350 - 1450). Aus Bildquellen gesammelt und gezeichnet von E. Wagner. Text von Z. Drobna und J. Durdik, Prag 2 1960.

155 Wilckens, Leonie von: Die textilen Künste von der Spätantike bis um 1500, München 1981.

156 Dies.: Mittelalterliche Seidenstoffe. Bestandskatalog XVIII des Kunstgewerbe-Museums Berlin, Berlin 1992.

157 Die Zeit der frühen Herzöge – Von Otto I. zu Ludwig dem Bayern, Katalog der Ausstellung auf Burg Trausnitz, München 1980.

ANMERKUNGEN

1 Die amerikanische Historikerin Barbara Tuchman hat ihr Buch „Der ferne Spiegel“, deutsche Ausgabe Düsseldorf 1980, mit „das dramatische 14. Jahrhundert“ untertitelt.

2 In Italien beginnt um 1300 bereits die Renaissance.

3 Vgl. P. Post, Das Kostüm, in: Deutscher Kulturatlas, Bd. II, S. 106 c.

4 H. Kühnel, Mentalitätswandel und Sachkultur, S.106.

5 Vgl. H. Kühnel, Mentalitätswandel und Sachkultur. Zur Entstehung der Mode im 14. Jahrhundert, insbesondere S. 105-106.

6 Auf Betreiben des französischen Königs Philipp des Schönen (1285 - 1312) nahm Papst Eugen II. im Jahre 1309 seinen Wohnsitz im südfranzösischen Avignon, wo er unter ständiger Beobachtung einer königlichen Besatzung im nahen Villeneuve stand. Avignon gehörte zwar zur Provence, deren Grafen aus dem Hause Anjou als Könige von Sizilien gleichzeitig Vasallen des Papstes waren; dennoch war durch die Nähe zum königlichen Frankreich der Einfluß des französischen Königs auf die Entscheidungen der Kurie enorm. Das sogenannte „Babylonische Exil der Kirche“ dauerte bis 1377.

7 Die bekannteste literarische Darstellung dieses Zeitgeistes findet sich im Decamerone des Boccaccio, welches durch seine erotisch freizügigen Novellen einem größeren Publikum bekannt ist.

8 Eine ausführliche zeitgenössische Darstellung der Geißlerbewegung findet sich in der Limburger Chronik des Tilemann Elhen von Wolfhagen unter dem Jahr 1349, Hg. Gottfried Zedler, Limburg 1930. Eine der Begleiterscheinungen der großen Pest, die hier nicht unterschlagen werden soll, obwohl sie für das eigentliche Thema unerheblich ist, war eines der größten Judenpogrome der deutschen Geschichte, in dessen Verlauf viele jüdische Gemeinden ausgerottet wurden unter dem Vorwand, die Juden hätten die Brunnen vergiftet. Auch dies wird in der Limburger Chronik ausführlich und ohne Beschönigung geschildert.

9 Limburger Chronik, Kap. 27, S. 27.

10 Erika Thiel, op. cit., 1973, S. 191.

11 Ebda., S. 202.

12 Max von Boehn, Menschen und Mode im Mittelalter, München 1925, Ebda., S. 203f. Ähnlich in der Argumentation Erika Thiel.

13 E. Thiel, Geschichte des Kostüms, 1973, S. 192. Mit Herzog ist hier Gautier de Brienne gemeint, Titular-Herzog von Athen und später Konnetabel von Frankreich, der 1341/42 Florenz regierte. Vgl. C. C. Bayley, War and Society in Renaissance Florence, Toronto 1961; LexMa, Bd. 2, sp. 687 - 688; A. v. Reumont, Der Herzog von Athen, HZ 26 (1871), S. 1 - 74.

14 Stellte zum Beispiel eine ritterliche Ausrüstung um 1200 den Gegenwert von 10 Zugochsen dar, so mußte ein Panzerreiter um 1400 für eine komplette Ausstattung auf dem letzten Stand der Waffentechnik das dreifache aufbringen.

15 Zu Beginn des 13. Jahrhunderts vertrieb Philipp August die Engländer aus der Normandie und hat wenig später (1209 - 1229) das Languedoc unter dem Vorwand eines Kreuzzuges gegen die Katharer von einem nordfranzösischen Kreuzfahrerheer erobert.

16 Karl VII. vertrieb 1453 endgültig die Engländer – die lediglich Calais behaupteten – und seine Nachfolger erwarben zwischen 1477 und 1515 die Herzogtümer Burgund, Savoyen und Bretagne für die französische Krone.

17 Die ‚bürgerliche‘ Waffengattung der Artillerie wurde ab 1437/39 von den Brüdern Jean und Gaspard Bureau technisch weiterentwickelt und hatte entscheidenden Anteil an den französischen Siegen in der Endphase des Hundertjährigen Krieges. Vielleicht noch wichtiger war die Finanzierung der Kriege Karls VII. durch den Frühkapitalisten Jacques Coeur, der als Kaufmann und Bankier zu einem der reichsten und mächtigsten Männer Europas geworden war.

18 Karl VII. und Ludwig XI., die dem eigenen Hochadel mißtrauisch, ja sogar feindlich gegenüberstanden, stützten sich hauptsächlich auf bürgerliche Berater und einen immer perfekter ausgebauten Beamtenapparat. Das politisch unzuverlässige und militärisch uneffektive Lehnsaufgebot ersetzte Karl VII. durch das erste stehende Heer Europas, die *compagnies d'ordonnances*, in denen der Adel zwar die Offiziersstellen besetzte, aber in seinen Karrieren von der Gunst des Königs abhängig war.

19 Kleiderordnungen gab es in Frankreich schon erheblich früher als in Deutschland. Erste einschlägige Bestimmungen datieren in Frankreich aus der Zeit Philipps des Kühnen um 1268. Die französischen Kleiderordnungen des 13. und 14. Jh.s hatten zwei Ziele: 1. Sicherung eines Kleidungsprivilegs für den Adel zwecks Abgrenzung gegen soziale Aufsteiger aus dem Bürgertum, und 2. Verhinderung von unnötigem Kleiderluxus innerhalb des Adels.

20 Vgl. Philippe Contamine, Guerre, état et société à la fin du moyen âge, Paris 1980 und Malcolm Vale, Warfare and the Life of the French and Burgundian Nobility, in: Adelige Sachkultur im Spätmittelalter, Veröff. d. Inst. f. mittelalt. Realienkde. Österr. Bd. 5, Wien 1982.

21 Es wird in diesem Zusammenhang auf die gesamteuropäische Teilnahme an den Preußenfahrten des Deutschritterordens, die starke Beteiligung deutscher Ritter an den inneritalienischen Kriegen oder die Präsenz französischer und englischer Ritter in Spanien verwiesen.

22 Vgl. Harry Kühnel, Kleidung und Gesellschaft im Mittelalter, in ders.: Bildwörterbuch der Kleidung und Rüstung, Einleitung S. LVIII.

23 Über die mittelalterlichen Kleiderordnungen gibt es mittlerweile eine ganze Reihe von sozialgeschichtlichen Untersuchungen, u. a.: Eisenbart, Kleiderordnungen der deutschen Städte zwischen 1350 und 1700 (1962); Hampel-Kallbrunner, Beiträge zur Geschichte der Kleiderordnungen mit besonderer Berücksichtigung Österreichs (1962); Bulst, Zum Problem städtischer und territorialer Kleider-, Aufwands- und Luxusgesetzgebung in Deutschland (1988). Vgl. H. Kühnel, Mentalitätswandel und Sachkultur, besonders S. 11 - 114; H. Hundsbichler, Kleidung und Norm, in: H. Kühnel, Alltag im Spätmittelalter, S. 248 -253.

24 Vielleicht die älteste europäische Abbildung dieses Ärmeltyps findet sich im Liber ad honorem Augusti des Petrus de Ebulo von 1199 und zwar auf fol. 129 r, wo der als Jäger verkleidete Richard Löwenherz gefangenengenommen wird.

25 Vgl. Mary G. Houston, Medieval Costume in England and France, London 1939, reprint New York 1996, S. 72. Die Unterteilung von Paul Post in lediglich zwei Perioden von 1300 - 1350 und von 1350 - 1400 erscheint dem Autor zu grob, weshalb er sich an der von Mary Houston orientiert hat. Das grundsätzliche Problem der Periodisierung wurde bereits im 1. Band angesprochen, weshalb es an dieser Stelle nicht noch einmal erörtert wird.

26 Paul Post, Die französisch-niederländische Männertracht einschließlich der Ritterrüstung im Zeitalter der Spätgotik 1350 - 1475, Diss. Halle a. S. 1910, S. 26.

27 H. Kühnel, Mentalitätswandel, S. 104. Vgl. auch Verena Kessel, Die süddeutschen Weltchroniken der Mitte des 14. Jahrhunderts. Studien zur Kunstgeschichte in der Zeit der großen Pest. (Bamberger Studien zur Kunstgeschichte und Denkmalpflege 1), Bamberg 1984, S. 108, 110 u. 111.

28 Die Limburger Chronik spricht bei der Frauenkleidung deshalb von *parkleidern*.

29 Vgl. Das Grabmal des Bischofs Siegfried III. von Eppstein im Mainzer Dom aus der 2. Hälfte des 13. Jh.s, auf dem die beiden dargestellten Könige solche Surcots tragen. Vgl. Rolf Toman (Hg.), Die Kunst der Gotik, 1998, S. 348.

30 Viollet-le-Duc, Artikel „surcot“. Vgl. auch Enlart, Manuel d’archéologie française 3, Le Costume, S. 92.

31 Über die Garnache vgl. Kleidung und Waffen der Früh- und Hochgotik, insbesondere Tafel H.

32 Folgt man der älteren englischen Kostümliteratur, so hat es diese Eselsohrärmel – zumindest in der Damenmode – bereits zu Beginn der Regierungszeit von Eduard II. (1307 - 1327) gegeben. Vgl. Costume and Fashion II, S. 215, Abb. 300.

33 So z. B. auf den Grabplatten des Alan Fleming (1361), des Johann von Soest (1361) und des Robert Braunche (1364). Vgl. H. K. Cameron, op.cit.

34 Prozeß des Grafen Robert von Artois. Vgl. Ausstellungskatalog „Un itinéraire européen - Jean l‘Aveugle“, Luxemburg 1996, S. 76. Bibl. Nat. Paris, Ms.fr. 18437.

35 Beide Begriffe werden weiter unten ausführlich erklärt.

36 Zur Erinnerung für alle diejenigen, welche die Ausführungen des 1. Teiles nicht präsent haben: Die männliche Unterkleidung besteht um 1300 aus Hemd, Unterhose und Beinlingen, wozu von Fall zu Fall das Wams tritt; die Oberbekleidung besteht aus einem Untergewand, der cotte, und einem Übergewand, dem Surcot oder der Suckenie. Darüber wird fallweise ein Mantel, ein Überwurf (frz. *tabbard* oder *houce*) oder ein mantelartiges Übergewand (frz. *garde-corps*, *gonelle*, *hérigaut* oder *garnache*) getragen.

37 Ein deutscher Chronist dieser Zeit, Peter von Zittau, meldet diese löffelartige Ärmelbildung zusammen mit einer Verengung und Verkürzung der Gewänder bereits für das Jahr 1329.

38 Der Dolch, meist ein sog. Basilard, gehört seit diesem Zeitpunkt zum üblichen Gewand des freien Bürgers und erscheint als Standesattribut auf vielen bildlichen Darstellungen, vor allem auf Grabplatten aus Stein oder Bronze.

39 Mehrfach abgebildet im Willehalm-Codex der Staatsbibliothek Kassel von ca. 1335 oder in der bekannten Oxforder Handschrift des Alexanderromans aus der Mitte des 14. Jahrhunderts (Bodleian Library, ms. Bodl. 264).

40 Es galt es für einen Adligen oder einen Bürger vor ca. 1350 als unschicklich, in der Öffentlichkeit nur im Untergewand, d. h. in der verkürzten Cotte bzw. im Wams zu erscheinen.

41 Als Bezeichnung für den kurzen Rock, allerdings in der Verbindung mit dem Adjektiv *hardie*, was soviel bedeutet wie gewagt oder schamlos, ist er weiterhin geläufig. Die männliche *cotardie*, nicht zu verwechseln mit dem gleichnamigen weiblichen Gegenstück, wird zum typischen Kleidungsstück der Jahrhundertmitte.

42 Aus einer bei Du Cange, Glossarium mediae et in-

fimae latinitatis II, S. 597, zitierten Textstelle geht eindeutig hervor, daß unter der Cotardie nur noch die Unterwäsche getragen wurde: ..., *et in cotardia, cum desubtus cotardiam, ut dixerunt, tunicam aliam decentem non haberent,...* (Homagium Gerardi de Ventadorio, anno 1362). Eine andere Textstelle, ebenfalls bei Du Cange, verrät uns, daß die männliche Cotardie an den Ärmeln – zumindest in diesem konkreten Fall – mit jeweils 12 Knöpfen verschlossen wurde.

43 Paul Post, Deutscher Kulturatlas, Geschichte Bd. II, S. 106 d1.

44 Grabplatte des Alan Fleming von 1361. Vgl. H. K. Cameron, Flemish Brasses, Tafel XLIII, in: Archaeological Journal 139 (1982).

45 Limburger Chronik, Kapitel 21, S. 24. *kneuffe* = Knöpfe, *gerunziret unde gefrenziret* = gekräuselt und mit Fransen besetzt. Es ist unklar, worauf sich das *gefrenziret* bezieht, da auf keiner Abbildung irgendwelche Fransen zu erkennen sind. Die Zahl von 24 - 30 Geren erscheint als etwas zu hoch gegriffen und außerdem auch unnötig, um den gewünschten Effekt zu erzielen. Die Schnittvorlage auf Farbtafel B geht daher von 12 Geren aus. Außerdem bringt der Autor der Chronik, 1348 geboren, der die modische Entwicklung aufgrund älterer (untergegangener) Quellen oder aufgrund von Zeugenbefragung beschreibt, offensichtlich beide Phasen (vor und nach der Pest) zeitlich nicht in die richtige Reihenfolge, da er beide Kleidungsstile für 1351 ansetzt, was nicht stimmen kann.

46 Die Limburger Chronik meldet diesen Wechsel bereits für das Jahr 1351, was nicht stimmen kann, wenn man die zeitgenössischen Abbildungen mit zu Rate zieht.

47 Der Begriff *schoppe* begegnet uns z. B. in der Limburger Chronik; im süddeutschen Sprachraum sagte man *joppe*, ein Wort das dort für eine Jacke auch heute noch gebräuchlich ist.

48 Vgl. Du Cange, op. cit., S. 597.

49 So der *pourpoint* von Charles de Blois im Musée des Tissus von Lyon. Siehe weiter unten.

50 Limburger Chronik, Kap. 21, S. 25.

51 Der Unterschied bestand ursprünglich im Füllmaterial. Der *gambaison* wurde mit Wolle, der *aketon* mit Baumwolle gepolstert.

52 Limburger Chronik, Kap. 28, S. 28. Vgl. Paul Post, Waffen- und kostümgeschichtliche Ausdeutung, S. 178f.

53 Praktische Versuche mit einem rekonstruierten Steppwams haben gezeigt, daß bei engem Zuschnitt nur durch eine gebogene Ärmelform und eine dadurch bedingte zwei- oder mehrteilige Machart eine ausreichende Bewegungsfreiheit für den Träger gewährleistet wird. Wie sehr gerade mit dem Ärmelzuschnitt experimentiert wurde, zeigen die noch vorhandenen Gewänder aus dieser Zeit, besonders das Steppwams des Grafen von Blois.

54 Eine exakte Erklärung dieses Begriffs findet sich weiter unten auf S. 87.

55 Post, Männertracht, S. 27.

56 Ebda.

57 Hierbei kann eigentlich nur die Einführung der Cotardie gemeint sein. Zu den Kriegen in Frankreich und Italien vgl. Philippe Contamine, Guerre, état et société au Moyen Age en France 1340 - 1453, ders.: La guerre au Moyen Age, zu den Kriegen in Italien: Pauler, Die Deutschen Könige und Italien im 14. Jahrhundert sowie David Nicolle, Italian Militiaman.

58 Vgl. Harmand, Jeanne d'Arc, S. 100.

59 Crowfoot/Pritchard, Textiles and Clothing, S. 168.

60 In der Limburger Chronik als Material für ein militärisches Steppwams genannt. Grobes Mischgewebe aus Wolle und Leinen.

61 Das einfache Fußvolk, sowie die bäuerlichen Milizen Frankreichs trugen als einzigen Körperschutz solche Wämser. Da man den französischen Bauern pauschal *Jacques* nannte, übertrug sich dieser Name auf das Kleidungsstück und später auch auf den Bauernaufstand, die *Jacquerie*.

62 Enlart, Manuel d'archéologie, Bd. 3, S. 42.

63 Die italienischen Infanteristen auf den Wandfresken im Castello d'Avio (Trento) tragen solche Steppwämser mit Zickzackmuster.

64 Harmand, Jeanne d'Arc, S. 113.

65 Limburger Chronik, Kap. 62, S. 40. Vgl. Paul Post, op. cit., S. 182.

66 Diese Rolle als Beinlinghalter behielt das Wams rund 150 Jahre bei, selbst dann noch, als die Beinlinge längst im Schritt zur Hose zusammengewachsen waren. Es verlor sie erst dann, als Ende des 15. Jahrhunderts die Gürtellinie wieder in die Taille rutschte und die Hosen von einem eigenen Gürtel gehalten wurden.

67 So Elisabeth Vavra im Bildwörterbuch der Kleidung und Rüstung, Artikel „Schecke".

68 Vgl. Artikel Corset in: Bildwörterbuch der Kleidung und Rüstung, S. 58.

69 Vgl. Band 1, Kleidung und Waffen der Früh- und Hochgotik, S. 36f.

70 Ebda., S. 38.

71 Gewöhnlich wird der hl. Jakobus der Ältere (Santiago) in einer Esclavine dargestellt.

72 Vgl. Kleidung und Waffen der Früh- und Hochgotik, S. 40 und Tafel C, Abb. 1 und 1 b.

73 Limburger Chronik, Kap. 62, S. 40.

74 Ebda., Tafel C, Abb. 8 b.

75 Ebda., Kap. 62, S. 40.

76 Zitiert nach Enlart, Manuél d'archéologie, S. 86, Übersetzung vom Autor.

77 Ebda., op. cit., S. 87f.

78 Auch der Historiker, Waffen- und Kostümkundler David Nicolle hat in seiner neuesten Publikation die Existenz eines solchen Hosenlatzes vorausgesetzt. Vgl. Italian Militiaman, Tafel H.

79 Den besten Überblick bieten Egan/Pritchard, Dress Accessories. Ebenfalls nützlich Fingerlin, Gürtel des hohen und des späten Mittelalters, sowie eine Reihe von Ausstellungskatalogen, die im Literaturverzeichnis zu finden sind.

80 Vgl. der Gürtel des Robert von Artois auf seinem Grabbild in der Kirche St. Denis bei Paris.

81 Inge Fingerlin, Gürtel des hohen und spüäten Mittelalters, S. 81.

82 Grew/Neergaard, Shoes and Patterns; Schnack, Mittelalterliche Lederfunde aus Konstanz; dies. Lederfunde aus Schleswig.

83 Limburger Chronik, Kap. 62, S. 40.

84 Paul Post, Deutscher Kulturatlas, Bd. II, S. 106 e1.

85 In Nürnberg wurde 1347 einer Frau der Prozeß gemacht, weil sie Männerkleidung getragen hatte. Vgl. H. Kühnel, Mentalitätswandel, S. 110. Einer der Hauptanklagepunkte im Prozeß gegen Jeanne d'Arc war der Umstand, daß sie Männerkleider getragen und dadurch in unstatthafter Weise ihre Beine gezeigt hatte.

86 Limburger Chronik, Kap. 27, S. 27.

87 Erstmals belegt in einem Gedicht Heinrich des Teichners (1350 - 65), zitiert nach J. & W. Grimm, Deutsches Wörterbuch, Artikel *houbet* und *buosem.*

88 Vgl. Die Miniatur im Oxforder Alexanderroman, Ms. Bodl. 264, fol. 59r.

89 H. Dihle, Das goldene Gewand der Königin Margaretha, S. 125f.

90 Solche Schürzen sind mehrfach im Luttrell-Psalter abgebildet. Vgl. M. G. Houston, Medieval Costume, Abb. 175 und 177.

91 O. Šroňková, Die Mode der gotischen Frau, Prag 1954, S. 39.

92 A. Racinet, Le costume historique, 6 Bde., Paris 1888. Ingrid Loschek, Reclams Mode- & Kostümlexikon, S. 269, hat von ihm diese Erfindung ähnlich kritiklos übernommen wie Erika Thiel die Theorie von Sronková.

93 Der Autor hat im Band „Früh- und Hochgotik" aufgrund der älteren Literatur diesen Ärmeltypus bereits auf das Jahr 1320 datiert. Da die neueste kunsthistorische Literatur einen Großteil der betreffenden zeitgenössischen Bilddarstellungen aber um rund 10 Jahre später datiert, erscheint es angebracht, auch in der Kostümkunde bestimmte modische Erscheinungsformen später anzusetzen.

94 Paul Post, Kulturatlas II, 106e.

95 Stella M. Newton, Fashion in the Age of the Black Prince, S. 100.

96 Vgl. die Darstellungen des 2. Nachtragsmalers der Manessischen Liederhandschrift.

97 Egan/Pritchard, Dress Accessories, S. 292.

98 H. Kühnel, Artikel Kruseler, in: Bildwörterbuch der Kleidung und Rüstung, S. 150.

99 Grabbild der dänischen Königin Eufemia, Gemahlin Christians II. in der Kirche von Søro. Vgl. Newton, Fashion, S. 99; Egan/Pritchard, Dress Accessories, S. 259.

100 Vgl. die Damen in einer ital. Handschrift des Meliadus-Romans aus der Zeit um 1350. British Library MS Add. 12228.

101 Den besten Überblick bieten Egan/Pritchard, Dress Accessories. Ebenfalls nützlich Fingerlin, Gürtel des hohen und des späten Mittelalters, sowie eine Reihe von Ausstellungskatalogen, die im Literaturverzeichnis zu finden sind.

102 Die Herstellung solcher Stoffknöpfe ist in „Kleidung und Waffen der Früh- und Hochgotik", S. 60, ausführlich dargestellt.

103 Grew/Neergaard, Shoes and Patterns; Schnack, Mittelalterliche Lederfunde aus Konstanz; dies. Lederfunde aus Schleswig.

104 Crowfoot/Pritchard, Textiles and Clothing, S. 26 - 68.

105 Eine Kölner Synode im Jahre 1337 untersagte Klerikern ausdrücklich das Tragen derartig gemusterter Kleider. Vgl. Kühnel, Mentalitätswandel, S. 103.

106 Vgl. M. Pastoureau, Figures et Couleurs, S. 27 - 31.

107 Newton, Fashion in the Age of the Black Prince, S. 89, Abb. 29. Leider ist die Abbildung in s/w.

108 Crowfoot/Pritchard, Textiles and Clothing, S. 89 - 120. Abbildung eines italienischen Damastwebstuhls ebda. auf S. 26.

109 Wilckens, Die textilen Künste von der Antike bis um 1500; dies., Mittelalterliche Seidenstoffe, Bestandskatalog XVIII des Kunstgewerbe-Museums Berlin, Berlin 1992.

110 Vgl. hierzu die Ausführungen in: Kleidung und Waffen der Früh- und Hochgotik, S. 52f.

111 Exklusiv bedeutet, daß bestimmte Pelze dem Adel laut Kleider-ordnung vorbehalten sind: Hermelin,

Zobel, Feh.

112 Vgl. Bengt Thordeman, Armours of the Battle of Wisby 1361, S. 211. Thordeman bietet (in englischer Sprache) den besten und ausführlichsten Überblick über die Entwicklung des Plattenrockes bis ca. 1360 in Kapitel V, The Armour, S. 210 - 225.

113 Thordeman hat die Wisby-Funde in insgesamt fünf Grundtypen (ohne die Lamellenpanzer) klassifiziert. Es würde zu weit führen, all diese hier im Detail zu beschreiben. Zum besseren Verständnis sei auf die entsprechende s/w-Tafel verwiesen.

114 E. A. Geßler, Die Spangenharnische von Küßnach, S. 28.

115 Die Verzinnung ist durch chemische Untersuchungen an den Küßnacher Spangenharnischen nachgewiesen, Vgl. Geßler, op. cit., S. 28.

116 Vgl. Enlart, Viollet le Duc.

117 Aus diesem Modell entwickelt sich ab ca. 1370 der Lentner. Die Beschreibung des Lentners, der laut der Limburger Chronik in Deutschland im Jahre 1371 auftaucht – wobei eine solch exakte Datumsangabe etwas zweifelhaft erscheint – soll erst im nächsten Band behandelt werden.

118 Reitzenstein, Der Ritter im Heergewäte, S. 84 - 88.

119 E. Wagner, Tracht, Wehr und Waffen 1350 - 1450, Teil II, Tafel 2.

120 Limburger Chronik, Kap. 91, S. 50.

121 Bei französischen und italienischen Rüstungen findet man allenfalls ein bis zwei Ketten, bei englischen überhaupt keine.

122 Der terminus technicus *cuir bouilli* hat in der Vergangenheit eine Reihe von Autoren zu der Annahme verführt, es handele sich dabei um in Öl gesottenes Leder. Praktische Versuche haben allerdings gezeigt, daß eine Härtung mit dieser Prozedur nicht zu erreichen ist. Für die Herstellung von Rüstungsteilen aus gehärtetem Leder empfiehlt sich die Verwendung von sog. halbgarem Leder, wie es für die Herstellung von Prothesen im orthopädischen Bereich verwendet wird. Dieses wird in heißem Wasser eingeweicht und dann in eine hölzerne Form gepreßt oder über ein hölzernes Modell des betreffenden Körperteils (z. B. bei Beinschienen) gespannt. Nach dem Trocknen wird das Leder von außen gefärbt und mit einer heißen Wachsschicht überzogen, damit das Leder keine Feuchtigkeit ziehen kann. Vgl. auch David Nicolle, Italian Militiaman, S. 51. Das einzige noch erhaltene *cuir boulli* Rüstungsteil ist eine englische Oberarmschiene mit eingeprägten Blattranken und Kleintieren, die aus der 1. Hälfte des 14. Jahrhunderts stammt. Siehe Katalog „Age of Chivalry", S. 261, Nr. 171.

123 Limburger Chronik, Kap. 20, S. 24., vgl. P.Post, Waffen- und kostümgeschichtliche Ausdeutung der Limburger Chronik, S. 178.

124 D. Nicolle, Arms & Armour, Nr. 522 und 524.

125 Ebda., Nr. 516.

126 Zum Beispiel die beiden Rittergrabmäler in der Abteikirche St. Matthias/Trier.

127 Ailetten wurden – zwar selten – noch bis um 1345 getragen. Vgl. Darstellung von Sir Geoffrey Luttrell im Luttrell-Psalter und verschiedene Miniaturen in der berühmten Oxforder Handschrift des Alexanderromans, Ms. Bodl. 264.

128 Limburger Chronik, Kap. 28, S. 28; vgl. Post, Waffen- und kostümgeschichtliche Ausdeutung, S. 178.

129 B. Thordeman, Armours of the Battle of Wisby, S. 233; B. Münz, Die Niederungsburg Tüschnitz, Tafel 78.

130 Das mittelalterliche Messing, auch als Gelbmetall oder Gelbguß angesprochen, entsprach in seiner Zusammensetzung nicht dem heutigen Messing, welches nur aus Kupfer und Zink legiert ist, sondern enthielt daneben auch Zinn und oft auch geringe Mengen Blei. Reine Bronze besteht nur aus Kupfer und Zinn, wobei man je nach Zinnanteil von roter oder gelber Bronze spricht. Korrekterweise müßte man daher bei den meisten im Mittelalter für Rüstungsteile und Gürtelbeschläge verwendeten Kupferlegierungen eigentlich als bleihaltige Messingbronze sprechen.

131 Zitiert nach B. Thordeman, Armour, S. 241.

132 Die frühesten Darstellungen aus Siena und San Gimignano datieren von ca. 1280. Abbildungen in: Il sabato di San Barnaba, S. 25, 33 und 54.

133 Unter Misericord versteht man ein figürlich verziertes Sitzbänkchen auf der Unterseite des Klappsitzes, welches vor allem älteren Chorgestühlbenutzern erlaubte, während des Gottesdienstes längere Stehpartien relativ bequem zu absolvieren.

134 Frühe Abbildungen finden sich z. B. beim 1. Nachtragsmaler der Manessischen Liederhandschrift.

135 Vgl. die Grabmäler Albrechts von Hohenlohe (gest. 1325), Ulrichs von Werdt (gest. 1346) u. a., Vgl. Reitzenstein, Ritter im Heergewäte, S. 80; Bauch, Das mittelalterliche Grabbild, S. 137 - 138.

136 Die Manessische Liederhandschrift in Zürich, S. 227, Abb. 75 und 75 a.

137 Edge/Paddock, Arms & Armour of the Medieval Knight, S. 79f.

138 Grabplatte des John de Creke. Vgl. F. Wilkinson, Waffen und Rüstungen, 1978, S. 63.

139 Chronica Bertrandi Guesclini: ... *Qui devant sa*

bataille venoit sur un gascon, armez de haubregon, couvert d'un singlaton,... zitiert nach Tobler/Lommatzsch, Wörterbuch, Artikel siglaton.

[140] Guerre e Assoldati in Toscana 1260 - 1364, Ausstellungskatalog Florenz 1982, Tafel 6 und 7.

[141] Nickel, Reiterschild, S. 50

[142] Ebda., S. 51 - 55.

[143] Ebda., S. 58.

[144] Ebda., S. 61. In Farbe bei Ulrich Niess, Hochmeister Karl von Trier (1311 - 1324), Marburg 1992, Abb. 8; 800 Jahre Deutscher Orden, Ausstellungskatalog, S. 25.

[145] D. Nicolle, Crécy, S. 27.

[146] Vgl. U. Lehnart, Crécy 1346, in: Festschrift Irsigler, Trier 2001.

[147] Im letzten Band wurde auf S. 98 irrtümlich behauptet, daß die ältesten erhaltenen Exemplare vom Ende des 14. Jahrhunderts stammen würden. Der Autor verdankt Herrn Olaf Vieweg den Hinweis auf die Pavesensammlung der Stadt Erfurt, deren älteste Stücke in die Zeit vor 1324 datiert werden können.

[148] So schreibt Jean de Meung 1284 in seiner Übertragung des spätantiken Textes von Vegetius „De re militari“: *Ferir de pointe, que les Franczeis appelent ferir d'estoc.*

[149] Eine komplette Typologie des mittelalterlichen Schwertes findet sich bei Oakshott, The sword in the age of chivalry, und ders., Records of the medieval sword.

[150] Vgl. Lehnart, Früh- und Hochgotik, S. 99. Beim *fauchart, fauçart, faussart* (nfrz. *fauçard* oder *fauchard*), dessen Bezeichnung sich wie *fauchon* von lat. falx = Sichel, mlat. falcastrum = sichelförmiges Werkzeug/Waffe ableitet, handelt es sich nicht, wie von David Nicolle, French Medieval Armies 1000 - 1300, S. 43, vermutet, um eine Hiebwaffe mit Zweihandgriff, sondern ursprünglich um eine sichelförmige, einhändig geführte Wurfwaffe, die sich erst um die Mitte des 14. Jahrhunderts durch Anfügung eines langen Schaftes zu einer Stangenwaffe wandelte. Die Bezeichnung *fauchart/fauçart/faussart* wird bis zum Ende des 13. Jahrhunderts stets zusammen mit dem Verb *lancer* (= werfen) und in einem Zug mit anderen Wurfwaffen wie Speeren und Wurfspießen gebraucht, erst um 1350 mit einem *baston* (Stock /Spieß) gleichgesetzt und von entsprechenden Verben begleitet. Vgl. Tobler-Lommatsch, Altfranzösisches Wörterbuch, Bd. III, Artikel „fauchart“.

[151] Müller/Kölling, Europäische Hieb- und Stichwaffen, S. 367, Nr. 59.

[152] Jakob Heinrich von Hefner-Alteneck, Die Burg Tannenberg und ihre Ausgrabungen, Darmstadt 1850, Tafel IX, Abb. c und d.

[153] Die älteste dem Autor bekannte Darstellung stammt aus dem Queen-Mary-Psalter um 1300.

[154] Jakob Heinrich von Hefner-Alteneck, Die Burg Tannenberg und ihre Ausgrabungen, Darmstadt 1850, Tafel IX, Abb. l und m.

ORTSREGISTER

PERSONENREGISTER

SACHREGISTER

Ulrich Lehnart

KLEIDUNG UND WAFFEN

DER FRÜH- UND HOCHGOTIK 1150 - 1320

ISBN 3-9805642-2-3 **Bestell-Nr. 564 223**

DM 42,00 **SFr 42,00 ÖS 340,00**

1998. Ca. 120 Seiten, 8 Farbtafeln & zahlreiche s/w-Abbildungen, gebunden, Format: 20,5 x 27 cm

Mit dem vorliegenden Buch stellt Ulrich Lehnart das Ergebnis von mehr als 10 Jahren Forschungsarbeit vor - und zwar nicht nur seinen Fachkollegen, sondern jedem, der beruflich oder privat mit der Kostümkunde des Mittelalters befaßt ist. Dabei gibt er sich nicht mit dem bisher üblichen kunsthistorischen Ansatz zufrieden. Schon ein Blick auf die größtenteils farbigen Illustrationen verrät, mit welcher Sorgfalt und Detailtreue sich der Autor des Themas angenommen hat. Er arbeitet nicht nur historische und archäologische Erkenntnisse aus neuerer Zeit auf, sondern liefert auch vollständige Rekonstruktionen und gibt praktische Anleitungen zur Anfertigung zahlreicher Stücke. Ein umfassendes und authentisches Bild für den einen - eine konkrete Hilfestellung zur Darstellung historischer Szenen für den anderen.

Gösta Ditmar Trauth

RÜSTUNG GEWANDUNG SACHKULTUR

DES DEUTSCHEN HOCHMITTELALTERS

ISBN 3-9805642-3-1 **Bestell-Nr. 564 231**

DM 39,00 **SFr 39,00 ÖS 310,00**

1999. Ca. 160 Seiten, über 400 s/w-Abbildungen, gebunden, Format: 20,5 x 27 cm

Rüstung, Kleidung und Sachkultur gleichberechtigt gegenüber und zeigt anhand von Quellen Details: Kochtöpfe, Becher, Schalen, Stühle, Betten und Kleidung waren für den Menschen des Hochmittelalters mindestens so wichtig wie Waffen und Rüstung. Sachliche Informationen durch sorgfältige Aufrißzeichnungen und Rekonstruktionen eng am Original bietet dieser Band für einen interessanten Teil deutscher Geschichte. Durchgängig s/w-bebildert.

Gösta Ditmar-Trauth

FIBEL- UND GÜRTELMODE DER HOCHGOTIK

ISBN 3-9805642-7-4 **Bestell-Nr. 564 274**

DM 16,80 **SFr 16,80 ÖS 95,00**

2000. 64 Seiten, Tb., über150 s/w-Abbildungen, Format: 13 x 18 cm

Aufwendige Rüstungen, farbenfrohe und stoffreiche Gewandungen bestimmen die Vorstellungen vom mittelalterlichen Adligen. Fibeln und Gürtel sind jedoch ebenfalls feste Elemente der Tracht. An ihnen werden Stil und Geschmack auch einfacher Menschen einer Epoche deutlich. Sie sind Objekte ausgelebter Repräsentation. Um so erstaunlicher ist es, daß Fibeln und Gürtel bisher kaum in Trachtzusammenhang und befriedigend typologisch betrachtet wurden. Dieser Band behandelt die Fibel- und Gürtelmode der Hochgotik unter Auswertung von archäologischen Funden und Darstellungen an der hochwertigen Skulptur dieser Zeit.

A - Z, 2000/01:

Die Adressen von Handwerkern und Gauklern, Spielleuten und Rittergruppen, von Veranstaltern und Veranstaltungsorten

ISBN 3-9805642-5-8 **Bestell-Nr. 564 258**

DM 39,00 **SFr 39,00 ÖS 310,00**

2000. Ca. 220 Seiten, kartoniert, Format: 13 x 18 cm

Dritte und überarbeitete Neuauflage des Nachschlagewerkes mit den Adressen von Handwerkern, Marktbeschickern, Musikern, Gauklern, Rittern und vielen anderen, die aktiv im Bereich erlebbarer Geschichte tätig sind. Rund 1500 Einträge in 14 Kategorien und 250 Rubriken können unter 1200 Stichworten über 2000 Namen mit Adressen verbinden.

KARFUNKEL -

Zeitschrift für erlebbare Geschichte

ISSN 0944-2677

Die Termine von Ritterturnieren, Mittelalterlichen

Märkten,
historischen Stadtfesten ...

Außerdem: Fachtexte, Marktkritiken, Hintergrundinformationen, Schnittmuster, CD- und Buchbesprechungen ...

DM 9,00 **SFr 9,00** **ÖS 70,00**

Erscheinungstermine:

1. März • 1. Juni • 1. September • 1. Dezember

KARFUNKEL-VERLAG • Hauptstr. 85 • D-69483 Wald-Michelbach
Telefon: (+49) 06207 - 92 01 91 • Fax: (+49) 06207 - 92 09 90 • www.karfunkel.de